Series 教師のチカラ

「中学生を変えた」奇跡の道徳授業づくり

桃﨑剛寿 Taketoshi Momosaki

『教師のチカラ』シリーズ　発刊によせて

教師よ、元気になれ！　そのために〈教師のチカラ〉をつけよう！

このメッセージを全国の教師たちに届けたい——これが本シリーズを企画した目的です。

教育現場は今、私が教師になった二十数年前とは比較にならぬほど〝とんでもない状況〟になっています。トップダウンで様々な教育施策が次々と現場に〝おろされ〟る中、職員室でパソコンに向かい様々な報告文書を作成する教師の姿ばかりが見られるようになりました。一方、我が子に社会の常識やルールを教えようとせず・自己欲求を押し通そうとする保護者から、理不尽なクレームを浴びせられるケースが急増しています。

こうした中で、希望と自信と元気をなくしている現場教師は少なくありません。また、「子どもをこうしたい」という理想に燃えて教師になったはずの若手教師が、新たな意欲的試みをしようとせず、教育実践面で〝老いて〟います。このままでは我が国の教育はダメになる、子どもたちがダメになる——これは決して大袈裟な言い方ではありません。

では、現代の子どもたちには「力」がないのでしょうか？　そんなことはありません。全力を出して学習する、汗水流して働く、少々の困難に挫けず頑張る——こうした「力」が〝冬眠状態〟になっているだけなのです。

この〝冬眠状態〟の「力」を引っ張り出し、正しい方向に発揮させていくのが教師の仕事であり、それを可能とする【教師力】が教師には求められます。【教師力】は教職年数と比例して自然と身につくモノではありません。

【教師力】を身につけるために何をすればいいのか？――この「問い」に対する一つの「回答」、多くの「ヒント」を、『教師のチカラ』シリーズでお届けします。『教師のチカラ』シリーズは、「こうしたらこうなった」というやり方だけを示した「ノウハウ本」ではありません。「何のためにこの実践をするのか」といった〈そもそも論〉を含め、次の四点が記されたシリーズです。

A　目指すべき子どもたちの「姿」
B　実践群を創出した基本的「考え」
C　実践群の「事実」
D　BからCに至る道筋

だからこそ『教師のチカラ』シリーズは、【教師力】を伸ばすための第一歩を踏み出そうとするあなたのお役に立つはずです。本シリーズが【教師力】の確実なレベルアップの一助となり、いつの日かあなたと実践者としてお会いできる事を願いつつ……

二〇〇八年一月

『教師のチカラ』シリーズ企画責任者・「道徳教育改革集団」代表

深澤　久

はじめに

道徳――不思議な縁がある。十七年前、中学校教師になって道徳の授業を三回くらいしたころだろうか。「先生、資料を読んで、いろいろたずねないのですか」と聞きに来た生徒がいた。その訴えるようなまなざしを今でもはっきりと覚えている。道徳の授業は本（副読本）を読んで感想を書く。そう思い込んでいたのは私の受けてきた道徳の授業の経験からであろう。大学は教育学部であったが、道徳の授業について学んだ記憶はない。専門教科である数学の勉強は学生時代にかなり頑張ったが、「道徳教育」はすべての単位の中で唯一落としていた……。

しかし、学級経営の楽しさがわかり始めると、道徳の授業の大切さがわかってくる。そこから熱心な同僚との出会いや校内研修、教育書での学びが始まる。そして運命の「出会い」であったサークル「道徳教育改革集団」（当時「マル道」）で、道徳の授業についての実践的研修に没頭していった。私は、もともと道徳教育よりも数学教育に本腰を入れていた。その一教師が一か月に一本のオリジナル道徳授業を開発し、年間に数回飛び込み道徳授業を公開し、道徳の教育書を何冊も編纂し、出版するようになった。そこには「中学生でなければ・中学生だからこそ」の道徳授業づくり（メーカー）としての、そして、道徳授業者（ユーザー）としての極意がある。

本書は、その極意を包み隠さず、すべて公開することで、手に取った先生方が少しでも道徳授業のおもしろさを感じてもらい、ご自身なりの道徳授業づくりへと取り組んでいただくことを願って書き下ろした。

「事件は会議室で起きているんじゃない。現場で起きているんだ！」

人気テレビドラマの刑事のセリフである。学校教育もそうである。日々、悩みの中で生きている中学生にいちばん寄り添うことができるのは担任教師である。日本全国で、中学校教師が肌で感じる「中学生に今、必要なこと」を道徳の授業で考えさせていく。この「常識化」を目指したい。

二〇〇八年四月

桃﨑　剛寿

「中学生を変えた」奇跡の道徳授業づくり　目次

第2章　魅力ある資料を開発する四つの力　45

第3章　中学生が夢中になる魔法の道徳授業づくり　67

第4章　オリジナル道徳授業はこうして生まれる　117

第1章

中学校「道徳の時間」解体新書

1 「道徳の時間」のニーズは高いのに

中学校の教師同士で、あいさつ代わりによく使われている言葉がある。

「学校、落ち着いている？」

この言葉がよく交わされているということは、中学校現場では秩序が常に保たれ、「正義と勇気」が通っているばかりではないことを表している。また、ある学校がきわめて落ち着いた学校であり、生徒が自分の力を伸ばしていく学校であっても、その隣の学校はどうかわからないことも意味している。

全国津々浦々、どの学校でも「荒れ」の起きる可能性はある。今の時代、都会も地方も差はなくなりつつある。ネットで結ばれた世界では、望ましくない情報が簡単に流れ込む。大人の便利さが追求された環境は、子どもにとって安全とはいえない状況にある。これは、地方にとっては「望まれない格差解消」である。少年犯罪が起き、マスコミが「荒れる中学校」などと取り上げるときだけ、問題行動が流行しているのではない。この問題は日々、脈々と流れる大動脈のような問題である。どこの学校でも、心の教育の問題は大きな課題であり、教師や保護者、地域、関係機関などが日々力を合わせて取り組まれているであろう。学校は一度荒れてしまうと、立て直すのに多大なエネルギーを要し、数年かかってしまう。たくさんの生徒や教師の人権さえも保障されないような辛い時期となる。荒れた生徒自身の人生にとっても、ごくまれな例を除いて、大きなマイナスである。

やはりわれわれ中学校教師にとっての最大の願いは、「生徒の心の育ち」ではなかろうか。もちろん学力充実のために教科指導に力を入れることは、教科の専門性からも大切にしなければならない。それに、義務教育最終段階の中学校においては、高校受験などの進路指導が重要になってくる。しかし、たとえ「受験戦争」といっても、実際に人の命を奪ったり、奪われたりすることはない。今の学校現場では、自分自身の経験からであるが、道徳教育の大切さのほうが重要な課題であると思われる。

そして、中学校を取り巻く問題は生徒指導上の問題ばかりでない。人権教育上の問題、保護者や地域の多様な価値観、体験活動の重視、キャリア教育の問題、情報モラルの問題……。さまざまな問題が、「道徳教育推進上の課題」というテーマで現場に突きつけられている。

これらの諸問題をどこで解決するのか。評論家のようにどこかで訴えたらどうにかなるのか。マスメディアに訴えたらどうにかなるのか。「否」である。訴えたところでどうにもならない。いちばんは教育のプロフェッショナルであるわれわれ教師が、子どもたちを正しい方向へ変えることであろう。生徒はやはり子どもである。純粋な心を持っていることを信じたい。その目の前の生徒たちに、われわれ教師がどんな働きかけができるか。そして、生徒を目指す方向へ導けるか。辛い立場の生徒がいたとしても、その気持ちに共感し寄り添いながら、いかに幸せな人生へと導けるか。もちろん家庭や地域の教育力は基盤である。しかし、教師が教育のプロフェッショナルである以上、われわれは使命感と責任感を持って生徒の心を育てるところに力を入れたい。その教育を最も広く担うのが道徳教育である。

それなのに、道徳の授業に力を入れない、ひどい場合は道徳の授業を（あまり）しない教師がいるらしい。信じられないことだ。社会の期待に対する教育版「偽装問題」である。生徒も「なぜこんなつまらない授業をするのだろう」「なぜ授業をしないのだろう」と、教師を否定的にとらえかねない。道徳教育の要《かなめ》の時間である「道徳の時間」を大切にしないで、「子どもたちの心が育っていない」と愚痴を言うのは、教師としてあるまじき姿である。ただの評論家である。

おおかたの教師には、「道徳の時間」をよいものにしたいという願いがあるだろう。生徒の笑顔を何よりもうれしく思う中学校教師であれば、教科と同じように「道徳の時間」も効果あるものにしたい、少しでも道徳性を高めたいと思うはずである。特に、目の前の生徒の実態から、「このような力を育てたい」「ここが欠けている。どうにか変えたい」と願うとき、それをかなえる道徳の授業がもしあるとすれば、飛びつきたくなる。

たとえば、中学三年時の生徒・保護者・担任で行われる進路教育相談で、横柄な態度を取る生徒がいる。「やだよ」「知るかよ」……。こんな言葉遣いを親にするのである。その様子を見て、ある先生が次のような言葉を発した。

「なんて親に対して反抗的なんだろう。自分の親をなんと思っているのか……」

このような思いを抱く中学校の教師は多いと思う。しかし、職員室で愚痴をこぼすだけで終わっていてはプロではない。その子どもたちを正しい方向へ変えるのである。変えることができて初めて、プロである。それには道徳の授業がぴったりではないか！　生活面、学習面、進路面で親と対峙し、少しずつ親から自立していく中学生にぴったりの「道徳の時間」が必要となるのである。

そのような中学校教師の切実なる思いから、次の教材を開発した。副読本の中にぴったり合う資料がなかった。だから開発したのである。

授業実践例――1　「母への小遣い」[※1]

「保護者とケンカになったり、もめ事が起きたりすることはありますか」と問い、自分の経験を紹介し合う活動をさせた。すると、生徒はさまざまな家庭内の話をし始めた。生徒同士、思いを共有する時間となった。

「ある大人の人が、入院している母親に『明日面会に行く』と電話したときの会話です」と説明し、最初の資料を範読した。その内容は、見舞いに来る息子に、母親が「あたしに小遣い三十万円、姉ちゃんに二十万円……」と多額の金額の小遣いを要求したうえに、「そのくらいのこともできねえのか。ばかやろう」と怒鳴りつけるという内容である。

この資料は、『菊次郎とさき』[※2]から作成したものである。

たけしさんが子どものころ、母親と一緒に写っている表紙の写真を見せながら、「この男の

※1 **『中学校編とっておきの道徳授業』** 桃﨑剛寿・編著（日本標準）二九ページ参照。

※2 **『菊次郎とさき』** ビートたけし・著（新潮文庫）

人はだれでしょう」とたずねた。たけしさんとわかったところで、資料を範読した。たけしさんがテレビに出始めたころ、家へ電話をしたところ、母親から、お金を稼いでいるようだから小遣いをくれとせがまれる。三十万円用意したが、「何だそれっぽっち」と憎まれ口を叩かれてしまう。それ以来「小遣いないから小遣いくれ。二十万ちょうだい」と要求されるようになったという内容である。

「お母さんは小遣いを何に使うのでしょう」と問う。生徒は自分の生活経験を基盤に考えたり、そういう立場だったらと考えたりする。そこで「こんな感じの母親、きらいな人は挙手をしなさい」と問うと、ほとんどの生徒が手を挙げる。数人は、「たけしさんなら、それくらいしてもよい」という発表であった。

次に、勉強をさせたい母親と野球をしたいたけしさんのバトルがユーモラスに書かれている箇所を範読した。野球をやることすら許さない母親に対し、グローブを埋めて隠すたけしさん。それを取り出そうとすると、参考書が出てきた……。母親が先回りをしたのである。「もう一度問います。こんな感じの母親、嫌いな人は挙手をしなさい」とたずねると、好きなことをさせないことへの反発で全員の手が挙がった。

「それでは最後の話をします。病院を訪れた後、たけしさんはお姉さんから袋を預かりました。お母さんからたけしさんへ渡してくれと頼まれたものだそうです」

何だ、これは。おいらは言葉を失った。それは、おいら名義の郵便貯金通帳だった。
通帳をめくると、遠く見覚えのある数字が並んでいる。
51年4月×日　３００，０００
51年7月×日　２００，０００
おいらが渡した金が、一銭も手つかずにそっくりそのまま貯金してあった。
三十万、二十万……。
（前掲書五七ページ）

芸人という不安定な職業のことを心配していた母親の愛が表れた行為であった。この母親の真意と生徒の出会いを、より感動的なものにするための構成にしたつもりである。

この授業を、当時三年生の他の学級でもそれぞれの担任が追実践した。

日ごろそれほど「道徳の時間」について関心を示していなかった先生も、追実践の直後、職員室に帰ってくるやいなや、「自分の、しどろもどろな授業でも、生徒が真剣に考えましたよ」と興奮して語ってくださった。子どもたちによい道徳の授業をしたいという思いは、きっとすべての教師が持つ願いであり根本的なニーズなのであろう。

力ある「道徳の時間」は、生徒の心を変える。教師の心も変える。

2 「道徳の時間」にはこんな二次的な力があるのに

「道徳の時間」のよさには、その授業のねらいが達成されることだけでなく、二次的な教育効果がたくさんある。「裏のねらい」と言ってもよい。

いちばんは学級づくりに与えるよい影響である。道徳の授業を大切にしていると、生徒同士の関係や、教師と生徒との関係にとてもよい影響を与えることを肌で感じる。だから、「なぜ道徳の授業に力を入れるのですか」と問われることがあるが、なぜそのことに気づかないのだろうかと不思議に思う。

学級づくりのうえで、「道徳の時間」の及ぼすよい影響を四つ挙げてみる。

【影響1】生徒との信頼関係が生まれる

楽しい授業で笑わせる。わかる授業で知的好奇心を満足させる。指導でときには反省させて涙を流させる。そして道徳の授業で感動させて泣かせる……。そのような授業をどのようにして創出するのか。よいヒントになるのが、「吉本新喜劇」である。あの一時間の中に笑いがあり、涙があり、である。感情を揺さぶられるということは、教師と生徒双方の価値観が一致することであり、教師に対する生徒の信頼感が増すことにつながる。そして生徒や保護者の方も、そこまで操る教師をすごいと思うであろう。

道徳の一時間に、担任教師が最大の準備をしてくれる。副読本を読むだけの授業ではない。資料の感想を書くだけでもない。工夫した授業を担任教師が準備してくれる。もしも結果として、授業が今ひとつ効果的でなくても、教師の誠意は伝わるであろう。それを感じることができた生徒は、その教師を尊敬するであろう。「今どきの」生徒も、一生懸命な姿を認めるものである。

そういう授業を積み重ねることで、生徒が毎週の「道徳の時間」を楽しみにするようになる。「明日の『道徳の時間』は何ですか」と、生徒はがまんしきれずにたずねてくる。保護者の方からも「次の授業参観も道徳でお願いします」とリクエストしてくる。これらの言葉は、教師への大きな期待の表れである。

【影響2】クラスに一体感が生まれる

「道徳の時間」では、生徒の知識量にかかわらず、皆で学べる。そして、教師が生徒のそれぞれの思いをつなげることで、生徒は同じ考えの人がいることを知ったり、自分の考えつかなかったことを学び合ったりすることができる。全員で感動したり、全員で喜んだり、一つのことを真剣に考え、悩んだりする。このように学びを中心にした一体感がクラスに生まれる。

問題行動を繰り返す生徒を担任したとき、その生徒は道徳の授業では生き生きとしていた。いろいろな問題を考えることができた。その様子を見たクラスメートが、そしてその話を食卓で聞いた保護者の方々がクラスの一体感を感じられたことがあった。「同じ釜の飯を食う」という言葉があるが、「同じ道徳の課題を考え合う」ことも、それに匹敵する力がある。

【影響3】温かい学級づくりにつながる

感動的な資料を使った授業や癒しのある授業をすることで、クラスの中に温かいムードが生じる。道徳的なことを追究し、美しい心を学んでいくからであろう。心に温かい気持ちが残っていくからであろう。マイナスを憎むのではなく、その弱さを認めながら考えるからであろう。そして「温かい学級への変容」が進む。「先生の学級は、どうして優しい子が多いのですか」「先生の学級の生徒は、なぜ行事にみんなが力を合わせるのですか」と、他の先生方や保護者の方から評価を得るようになる。そして何よりも担任自身が学級の変容を肌で感じる。

【影響4】時間をかけて生徒と向き合える

生徒の心に何か訴えたいことがあるときに、個別指導を行うことが多い。教師が生徒と一対一で話し込んだり話を聞いたりするが、どうしても指導のテンポは速くなりがちである。しかも教師からの一方通行の話し込みになりがちである。教師から大切な話をしても、生徒も頭が飽和状態になってしまい、あまり効果がないときがある。

その点、道徳の授業で子どもたちを変えようとしたときは、五十分の授業時間の中で考えさせることができる。生徒同士の学び合いの中から気づかせることができる。また、教師から言いたいことを、ワークシートの中に綴っていた生徒を指名して発表させることで、伝えることができる。「教師から生徒」へのルートばかりでなく、「生徒から生徒」へのルートで伝わることで、生徒の心にすうっと受け入れられる。

次に示す授業は、以上に述べたような二次的な力をおおいに発揮した授業であった。

授業実践例――2 「困※1った要望にどう応えるか」

『※2生協の白石さん』はユーモアのあるやりとりのよさを笑いながら学べるすばらしい本である。これを図書館などの協力で生徒数分そろえることができたので、調べ学習の資料として使う道徳の授業が実現できた。

「あなたが生徒会の担当者だったら、『牛を中庭に飼って』という生徒会への要望にどう答えますか」と問うた。ちょうど生徒会選挙前だったので、立候補者に答えてもらうと、「無理です」とか「先生に相談してみます」などが出た。

そこで「東京農工大学生協の職員の白石さんは、学生の要望や質問に回答する『ひとことカード』を担当されています。そして、『牛を置いて！』にこう答えています。※3『ご要望ありがとうございます。本日丁度職場会議が開かれたのですが、結果、牛は置けない、と決議されました。即決でした。申し訳ございません。』」と説明した。生徒たちに笑いが起きた。

※1『**中学校編とっておきの道徳授業V**』桃崎剛寿・編著（日本標準）八一ページ参照。

※2『**生協の白石さん**』白石昌則・著（講談社）

※3前掲書三五ページ。

「この答え方をどう思いますか」と問うと、それぞれのフレーズに生徒はよさを見いだす。生徒の意見をつなげていきながら進めた。

次は、「『単位がほしいです』という要望にはどう答えたでしょう」と問う。

班で考えさせると、生徒も楽しく活動ができる。そしてそれぞれ発表内容を掲示した。

そこで意外な白石さんの切り返し「そうですか、単位、ほしいですか。私は、単車がほしいです。お互い、頑張りましょう！」を示す。「この答え方をどう思いますか」と問い、白石さんの答え方のすばらしさを学んでいく。

※前掲書二五ページ。

他の例を示し、その受け答えを少し考えさせながらテンポよく授業を進めた。

ここで『生協の白石さん』の本を全員に配り、白石さんの温かい受け答えを調べさせた。付《ふ》箋《せん》紙を五枚ずつ配付し、「この応対はいいな」と思ったものに貼らせた。そしてその応対のどのような点がよいと思ったかをワークシートに記入させた。そして他の人と紹介し合う時間を取った。他の考えにふれる共同の学びの場である。

そして自分の生活に取り入れる手だてとして、フリーアナウンサーの久保純子さんが子育て中の自分の心に響いたという白石さんへの応援メッセージを紹介した。久保さんはどんなところに何を取り入れようとしたのか、あなたはどんなところで、白石さんのような応対ができるようになりたいかを問うて授業を終えた。

このように、ユーモアのある資料を班で語り合う。そして温かい受け答えを学ぶ。そんな道徳の授業で学級に優しいムードが醸《かも》し出されるのである。

3 「道徳の時間」が背負った四つの課題

「道徳の時間」にはニーズがあり、すばらしい教育的効果があることを述べた。それでは、どの中学校でも、どの教室でも、道徳の授業が活性化されているだろうか。残念ながら、そうではない。そうなりにくい状況がある。

中学校教師はきわめて多忙でストレスが多い職業である。放課後や土日も部活動がある。そのため教材研究の時間も限られてしまう。しかも免許状に記された「教科」への専門意識が強いので、「道徳の時間」への関心は二の次である。また、学校が荒れているときや学級経営がうまくいっていないときは、心について学び合う道徳の授業を実施すること自体が教科以上に難しいものになる。

それでは、一年間に三十五時間の「道徳の時間」を実施できたら、「すべてよし」か。そうではない。毎週できたとしても、その一時間一時間の授業に魅力がない場合は道徳教育の効果は薄く、道徳教育の要《かなめ》の時間とは言いがたい。それどころか、感受性の強い中学生にもなれば、つまらない、ためにならない道徳の授業を積み重ねることで、逆に悪い影響を与えかねないのである。

さらに、中学校教師の中には、「道徳の時間」にマイナスのイメージを持っている方もいる。

たとえば、道徳の授業中は生徒もよいことを発言するが、実生活に結び付きにくく、「あまり効果がない」というイメージである。

たとえば、道徳の評価――特に生徒の道徳性の評価は難しいというイメージである。心の変容は見た目ではわからないので、やっても手応えがないというものである。

たとえば、道徳の授業で使う資料で、満足できるものはあまりないというイメージである。

たとえば、「道徳の時間」の内容項目が四つの領域に分かれているが、わかりにくく、そのため授業のねらいがはっきりしないというイメージである。

まとめると、次のようなマイナスイメージといえる。

「道徳の時間」は難しいうえに、効果がない

以上のように、避けられる条件がそろいすぎているのが、中学校の「道徳の時間」である。この中で実効力のある道徳の授業を積み重ねていくにはどうすればよいか。

魅力のある授業ができたか、時代に応じた実りある授業が展開されてきたか、生徒の実態をじゅうぶん把握したうえで実践したか……。

このように、自分が行ってきた道徳の授業をふりかえってみながら、その課題を整理してみた。これらの課題をクリアすれば、中学校道徳授業から難しさが取れてくる。そして、さらに道徳の授業で身に付けさせる「力」を鮮明にすることで、効果があるものになる。

「資料」の課題

資料として扱う副読本には、教師側のねらいが見え見えで、生徒がそっぽを向きかねない読み物資料が、なかにはある。また、その記述された内容に教師自身も賛同しがたいこともある。文章量が多くて、一時間の授業には収まらないこともある。

資料の中身は、その時間に生徒が考える場となる。これほど大切な要素はない。

中学校「道徳の時間」課題 1
その資料は生徒にとって魅力があるのか

生徒が本気に価値を追究するに値する資料なのかを、教師自身が豊かな感覚を持って検討することができていなかったのではないか。

「授業構成」の課題

「道徳の時間」の授業構成に、「基本型」と呼ばれる指導の流れがある。導入で、「価値の方向づけ」が行われる。ねらいとする内容への方向づけのために、生徒の身近にあることを考えさせたり、主資料と関連あるものと出会わせたりする。展開前半で、資料を提示し、価値に気づかせる。そして資料の中の道徳的価値を追究する。展開後半で、自分の問題として考えさせ、価値の主体的自覚を図る。終末で、教師の説話や格言の提示、生徒の感想発表などで実践意欲を喚起したり余韻を残したりする。時間配分は、導入に五分から一〇分、展開前半に一〇分から二〇分、展開後半で一〇分から二〇分、終末で五分から一〇分という例が多い。この流し方はある意味、自然な授業の流れである。しかし、極端な場合、この形式でなければ道徳の授業と認められないと言われることもある。

「道徳の時間」を「自分を見つめる時間」とわかりやすく説明することがある。この「価値の自覚化」の意味を、そのままストレートに「自分をふりかえってみようという発問がなくてはならない」とこだわってしまう場合がある。極端な場合、この発問がなければ道徳の授業と認められないと言われることがある。

中学校「道徳の時間」課題 2
その授業構成が生徒の好奇心を引き出せるのか

教師自身が生徒の側に立って「おもしろい」と感じられるか、生徒が本気に価値を追究できる授業構成なのかを検討することができていなかったのではないか。

発問などの「指導言」の課題

真剣に考え、自分の思いを語り合う授業でなく、心は揺さぶられずに模範解答を答えていくような授業が見られることがある。ある小学校で道徳の研究授業を参観したとき、ある児童が実に立派なことを発表し、自分のこれからの生活に生かしていきたいと付け加えていた。すばらしいなあと思った直後、その児童からびっくりする言葉を聞いた。「ここはこう答えておけばいいんだよ」と隣の児童に語っていたのである。十歳くらいの子どもでも、見事に使い分けていたのであった。

しらじらしい答えを要求する発問も生徒に苦痛を与える。「今日の授業を受けてどんな生き方をしようと思いますか」と問われて、美しい言葉がすらすらと出てくるのは、ある意味「割り切らないと」できない。教師への思いやりがある生徒が無理して答えていることも多々あろう。ある教員養成課程を持つ国立大学の教授から、ある大学生が中学生のとき、「道徳の時間」の担任の先生を恨んでいたという話を聞いたことがある。とてもしらじらしいことを発表させようとしたらしく、その先生のためにもっともらしいことを言っている自分がいやだったし、発表させようとしたその先生を心から憎んだという内容であった。

中学校「道徳の時間」課題 3
その発問・指示・説明で生徒は真剣になれるのか

どんな言葉で、生徒に問いかけるのがよいのか。どんな言葉が、生徒から「魂の言葉」を引き出せるのか。どんな言葉が、生徒にとって本音を言いたくなるような安心感を導けるのか。教師自身が生徒の側に立って「本気になれる言葉」を検討することができていなかったのではないか。

生徒を動かす「指導法」の課題

また、生徒を動かす教育技術がないと中学生が主体的に学べない。生徒同士の学び合いを授業の中で適切に展開することは、道徳の授業のねらいを達成させる意味において効果があるが、学級経営にも効果がある。友だちと学び合うこと、相手を受けとめ自分を受けとめてもらうことで自分の価値観に気づいていく。

教師が資料を読む。感想を書かせる。生徒が順に発表する。この繰り返しだけの授業を見たことがある。これでは生徒にとって辛い時間であろう。

中学校「道徳の時間」課題 4
生徒を動かす教育技術を適切に使えるか

生徒を動かすためには、どのような学習活動が適切か。どのような学び合いが必要なのか。教師自身が生徒の側に立って「思考しやすい、交流させやすい」学びのシステムを検討することができていなかったのではないか。

中学生の発達段階にあった教育技術を整理し、実践することで道徳の授業がより実効性のあるものへと変わる。

本書は、以上のような課題を乗り越えることを可能にする。そして、

「道徳の時間」は~~難しい~~→やさしい

へと、変革するものである。

4 「道徳の時間」で身に付けさせたい「心の学力」

次に、中学校の道徳の授業で身に付けさせたい心を焦点化してみよう。

「へえ、中学生にそんな心が育てられるのか」と、道徳の授業の力を実感できたら、

「道徳の時間」は効果が~~ない~~→ある

へと変革することができる。中学校道徳授業の大きな大きな改善である。

「心の学力」

「道徳の時間」のみならず、授業は何のためにあるのか。

生徒が学習規律を習得するためか。

生徒が人間関係を学ぶためか。

生徒が人生を生きていく基礎を学ぶためか。

いろいろあるかもしれないが、突き詰めれば、「学力の形成」といえる。

尊敬する野口芳宏先生[※1]の講座で学んだことである。

学習活動が生徒にとって楽しくても、楽しくなくても、学力の形成がなければ授業ではない。

「生き生きと活動していても、何ら学力を身に付けない授業」に惑わされてはならない。

「学力が身に付く授業なのか」、そして「どんな学力が身に付くのか」はきわめて重要な、本質的なことである。

それでは、「道徳の時間」で身に付けさせたい学力、いわば「心の学力」とは何か。

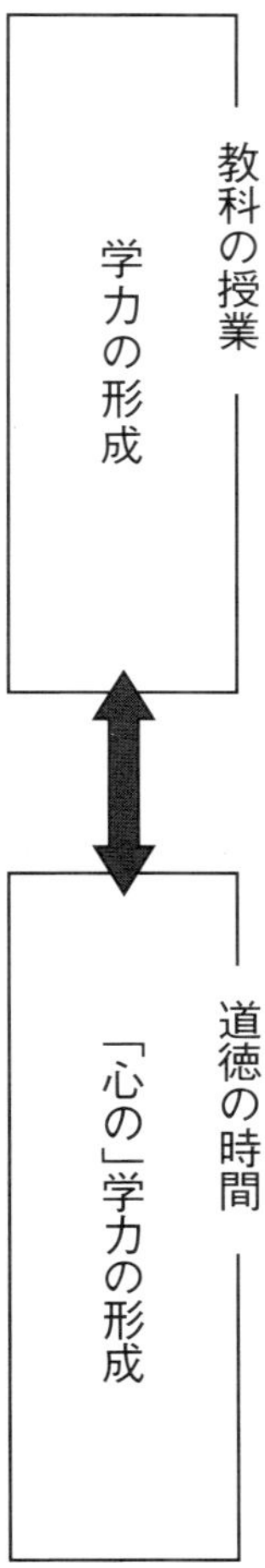

学習指導要領によれば、「道徳的実践力」となる。「道徳的実践力」とは、「主として、道徳的心情、道徳的判断力、道徳的実践意欲と態度を包括するもの」である。

では、「道徳的」とは何かと考えると、道徳的なことを見事に網羅した四領域からなる「道徳の内容項目」を考えなければならない。

ところが、現場の私たち中学校教師にとって、「よいことを何でも網羅している」ということは、「何でもよい」というように受けとめられてしまう。つまり発達段階に応じた焦点化が必要であって、中学校道徳で示された二十三[※2]の内容項目は、それぞれを具体的に理解するには

※1野口芳宏 千葉県小学校校長、北海道教育大学教授を経て、「授業道場野口塾」などを主宰。

※2 二〇〇八年三月に告示された中学校学習指導要領では、二十四の内容項目が示された。

広範すぎるのである。現行の学習指導要領で示された内容項目すべてを理路整然とイメージできる教師はどれだけいるのだろうか。その「イメージができない内容」を「道徳の時間」の中で身に付けさせせなければならないことが、「道徳の時間」を難しいものと考えさせる理由の一つである。

もちろん、内容項目は、一年間を通して行う「道徳の時間」に偏りがないよう点検したり、一時間の「道徳の時間」に込められた価値を相対的に見つめ直したりするのにはとても効果的ではある。しかし、ここでは、

卒業までに中学生に最低限こんな力を「道徳の時間」で身に付けさせたい

という視点で、「道徳の時間」で求める「心の学力」とは何かを、現場感覚を大切にしながら明らかにする。

なぜ中学生に「道徳の時間」が必要なのか

思春期まっただ中の中学生は、心は成熟していなくても、少しずつ大人扱いされ、とまどいを感じ、不安定さを持つ。そんな中学生だからこそ、道徳の授業で支えたい。

そこで、中学生に「道徳の時間」が必要だと感じる局面を考えてみたい。「中学生はこうい

う状況だから、道徳の授業は必要なんだ」という、その必要性を整理してみたい。

そして、その局面でどんな力を生徒に付けてほしいのかを考える。中学校教師が道徳の授業を通して生徒にどのような変革を求めているのかを整理すると、そこで伸ばしたい「心の学力」が見えてくる。

伸ばしたい「心の学力」があるからこそ、中学校の「道徳の時間」は大切であることに気づく。

まず、必要性が生じる局面を、私なりのキーワードで挙げてみよう。

「思春期」「生徒指導」「行事」「どう生きるか」「社会人の準備」

これら一つ一つについてもう少し詳しく述べる。

【必要性1】思春期まっただ中に生きている中学生だから

「友だち」「家族」「ライバル」「先輩後輩」などの人間関係に悩み、「正直」「まじめ」であることに疑問を感じたり、社会の矛盾に気づく。目標に向かって一生懸命取り組むことや、仲間と協力してものごとを進めていくことを求める自分にも気づく。感情の揺れ動きも大きく不安定なときもあるが、友だちや家族を大切に思う心もある。実に中学生という時期は、心揺れる時期といえる。そんな中学生に正しい価値観を持たせたい、自分自身を好きにさせたい、心が揺れるのは成長の過程だということに気づかせたいのである。
このように、思春期まっただ中に生きている中学生に、生命の尊重や人間としての在り方生き方を考え、タフな人間関係づくりや自尊感情などを育てていく必要がある。

【必要性2】積極的な生徒指導が欠かせない時期だから

少年の問題行動がますますエスカレートしている昨今である。生徒指導の問題は、残念なことだが中学校において最大の課題の一つである。生徒も、頭でわかっているが、行動が伴わないことが多く、本当の意味で「わかっている」とはいえない。学級集団の正義感を向上させることは、問題行動を起こさせにくくすることにもつながる。逆に、問題行動を繰り返すことになんの抵抗感も持てなくなってしまえば、その生徒が不幸である。絶対に避けなければならない。
このように、事件が起きて事後処理として動くのではなく、虚勢を張ってしまう前に、生徒の正義感や規範意識を向上させる必要がある。

【必要性3】中学生には行事に燃える熱き思いがあるから

生徒は学級や学校の中で、自分の居場所を求める。集団の中の一人として活躍することで、自己有用感も高まる。そのような欲求が強くなるのが、思春期を迎えた中学生である。だから、行事の持つ意味は大きい。

クラスマッチ、合唱コンクール、職場体験、ボランティア活動、入学式や卒業式などの行事で中学生は鍛えられ、成長をしていく。教師も行事を通して生徒の心が育つような手だてを打つ。そして学校生活の節目節目に行われる行事だからこそ、その一つ一つに真剣にチャレンジし、しっかりと最後までやり遂げてほしいと教師は心の底から願っている。

行事に燃える中学生に、より教育的な効果を高めるためにも、タフな人間関係づくりや自尊感情、苦難に耐え抜く力や真実を見抜く力などを向上させる必要がある。

【必要性4】生き方の美学を築き始める時期だから

中学校の三年間は、義務教育最後の三年間である。卒業後の自分の生き方は、自己の責任のもと、自分で決めなければならない。そして人生の岐路は受験時だけではない。ほかにも恋愛・結婚、仕事上の決断などがある。自分がどう生きていくべきかという根本的な問題から、学ぶこと、働くことの意義までを考えながら人は自分の歩む道を選択し、成長をしていく。ここを支えるのは中学校教師にとって大きな役割である。なにげない教師の働きかけが生徒の一生を左右することもある。

以上のことから、望ましい勤労観・職業観の育成、そして人生観の育成が大切である。「こんな生き方がすてきだな」と思える「人間としての在り方生き方の美意識」を感じとり、その人なりの人生観を確立することの一助となる学びが必要だと考える。

【必要性5】「社会」に目を向けられるようになる時期だから

環境問題、福祉問題、人権問題、平和問題……。これら深刻な社会問題を生徒たちは日々耳にしている。ところが、このような社会的な問題を、生徒は自身の意識からはるか遠いもの、自分とは関係がないものとしてとらえがちである。しかし、基礎学力をだいぶ身に付けた生徒は自分なりの判断ができるようになってきている。この時期に、現代社会の課題に目を向けさせ、自分たちのよりよい生き方を学ばせることが、「小さい大人」を「正しい大人」へと育てることにつながる。

以上のことから、真実を見抜く力や理性的・合理的な視点などを育てる必要性がある。

中学校「道徳の時間」の目指す「心の学力」

五つのキーワードから見えてきた、中学校の「道徳の時間」で育てたい「心の学力」を整理してみよう。

・生命の尊重
・自尊感情
・正義感
・規範意識
・タフで優しい人間関係づくり

・苦難に耐え抜く力
・望ましい勤労観・職業観
・人生観・人間としての在り方生き方
・真実を見抜く力
・理性的・合理的な視点

これらは、おそらくどの中学校教師も切実に生徒に求めているものであり、これらが「道徳の時間」でパワーアップさせることができるならば、本当に「道徳の時間」の力を感じるようになるであろう。

これらを分類して、私なりに整理してみると、次のようになる

生命の尊重
自尊感情

↓

①生命をいとおしむ力
自他の生命の尊重こそ、揺るぎない根底

正義感
規範意識

↓

②道をはずさない力
犯罪に手を染めてはならない

タフで優しい人間関係づくり
苦難に耐え抜く力

↓

③悩みを乗り越える力
強くなければ・優しくなければ

望ましい勤労観・職業観
人生観・人間としての在り方
生き方

↓

④幸せな人生を切り拓く力
人生の羅針盤を心に据える

真実を見抜く力
理性的・合理的な視点

↓

⑤真実を見抜く力
本当の理想を求めゆく

このように表現してみると、ある大切なことが「出ていない」ことに気づく。「出ていない」というより、「貫いている」と言ったほうが的確かもしれない。

その力とは、「愛を感じとり、愛を与える力」である。人は理論や理性だけでものごとを受けとめない。そこには愛がある。この根本的なことを次のように付け加える。

⑥愛を感じとり、愛を与える力
すべてを包み込む感情の根源

以上①〜⑥の力＝「心の学力」を付けることができる「道徳の時間」。これを目指したい。もちろんこれらはそれぞれ別個のものではなく、重なり合うところもある。

それでは、この六つの「心の学力」について、その特性を少し詳しく明らかにしてみよう。

【心の学力1】生命をいとおしむ力〈自他の生命の尊重こそ、揺るぎない根底〉

義務教育の最終段階である中学生にこそ、今いちばん育てたいのが「生命をいとおしむ心」である。もちろん自他共の生命を大切にするというのは、人が共同社会を構成していくうえで最大の前提であるが、自他の生命をまるで無視するかのような事件は後を絶たない。そんな現代に生きているからこそ、中学生には、さまざまな角度・手法からの「生命の授業」が必要である。特に生命の持ついろいろな特性（偶然性、有限性、連続性など）に対応した指導は必要である。

【心の学力2】道をはずさない力〈犯罪に手を染めてはならない〉

幸と不幸、正と不正、日常と非日常など——子どもたちの歩む道には分岐点がある。歩むべき道をしっかり選択してほしい。教え子を犯罪者にしてはならないのである。道をはずす例も多い十四歳前後、この時期にどのような道徳教育が営まれるべきか。

歩むべき「道」、正義感——これから大人になる中学生に見失ってほしくないと強く願う。異常な事件が新聞やテレビで報道されるたびにその願いは強くなる。外に向かっては威儀を整え、内にはたくましさを秘める、そして難儀に遭う人を思いやる——そういう個人を育てる道徳の授業に挑んでいきたい。人間が人間であるために。

【心の学力3】悩みを乗り越える力〔強くなければ・優しくなければ〕

中学校三年間は、自我の芽生えが著しい時期である。人の視線を気にするようになり、他者との関係の中で自分の存在を確認するようになる。自分、家族、友人、先輩などの悩みを抱え、不登校や問題行動へと結びついてしまう生徒も後を絶たない。

「悩む」こと自体は決して問題ではない。その悩みをどう「乗り越える」か。その心構えをつくり、術《すべ》を知ることが重要なのである。タフなだけでは乗り越えることはできない。優しさを素直に受けとめたり、人に与えたりすることができるようになって乗り越えられることもいっぱいある。

【心の学力4】幸せな人生を切り拓く力〔人生の羅針盤を心に据える〕

九年間の義務教育を終える中学生。卒業した後は自分の意志で自分の生きる道を選択し進んでいかなければならない。「自分の将来のために学んでいこう」「夢を持つことはすばらしい」「挫折したときには、こうしよう」「社会の厳しさ・大きさを知る」など、人生を切り拓くための心構えを育てる必要がある。

【心の学力5】真実を見抜く力〔本当の理想を求めゆく〕

子どもたちが生きていくこれからの社会は、より予測しがたい、変化に富むものとなるであろう。大切なことは、矛盾や誤った先入観を見過ごすことなく、揺るぎない真実を見抜く力を身に付け、理想を求めていく態度を育てることである。社会の一員としての自覚を促し、道徳性のある判断力や考察力が必要である。

【心の学力6】愛を感じとり、愛を与える力〔すべてを包み込む感情の根源〕

人と人が生活するうえで大切なものは、何だろうか。現代の世の中でいちばん薄れているものは、何だろうか。思春期を迎えた中学生だからこそ、他者からの愛を感じとり、愛を与えることの意義・すばらしさがわかるだろう。愛を感じとることができないと与えることができないといわれる。与えられていることに気づく視点が大切である。今、いちばん生徒に考えてほしいこと、それが「愛」である。

以上のような「心の学力」が身に付けられる道徳の授業こそ、中学校の「道徳の時間」の理想である。

それでは私自身、具体的にどのような道徳の授業を行ってきたのか、また、創出してきたのかについて紹介したい。

5 世に問うたオリジナル「とっておきの道徳授業」の実践群

生徒に身に付けさせたい「心の学力」を意識しながら、学級担任として道徳の授業を行いたい。しかし、副読本などの中には、「よし、これでいこう」とやる気を出させてくれるものでなかったり、ふさわしい資料ではなかった……。そういうことが多々あるのではないか。

生徒に身に付けさせたい「心の学力」を意識していれば、教師自身が、「ある素材」を知って「何か」を感じたり、ある「想い」を抱いたりすることができる。そしてその「何か」を生徒に伝え、生徒は自分のこととしてそれを考えることができる。

もちろん、その「胎動」を感じた素材から授業を創ることはそんなに簡単なことではないであろう。そのことについては、後の章でじっくりと解説したい。

今の私が行き着いた境地は、以下のところである。

より効果的な資料を自ら発掘・開発し、教師の願いのこもった道徳の授業を創出し、オリジナル道徳授業を実践する

「魅力的な教材の開発や活用」は、学習指導要領でも推奨されていることである。また、さまざまな調査において、道徳教育の充実のために必要な条件として常に最上位の一つに挙げられることである。

少し脱線するかもしれないが、私自身の道徳授業づくりの「初任時代」をふりかえってみる。さて、オリジナルの色彩はあったのか？　新採一年目のときの道徳指導案を二つ見つけ出す。

一つは副読本を使った授業で、仲間づくりに関する生徒作文の資料を活用していた。生徒に考えさせるに堪えうる資料であると判断したのであろう。

もう一つは、自分で探し出した資料、安岡章太郎氏の『なまけものの思想』※を使った授業であった。正義感に関する副読本の資料に「わざとらしさ」を感じ、氏のエッセイに替えた。釣り銭が間違っていたのに気づいた後、勇気を出してお店に届ける。帰宅して親にその話をすると、はじめ準備していたお金を勘違いしていて、最初の釣り銭でよかった、返した分は間違いだったというオチがある資料である。中学生は正しいことをすることにちょっと照れを感じるときである。そんな中学生に爽やかな笑いとともに考えさせたいという意図がそこにはあった。

さらに押入れをごそごそ探していると、おもしろい学習指導案が出てきた。教育実習での「道徳の時間」の指導案、資料プリントである。当時、私は空手に燃えていたので、「極真会館の竜」といわれた山崎照朝氏の著書を資料としたオリジナル授業を行っていた。読み物資料「初心忘るべからず」を活用した「不撓不屈《ふとうふくつ》」の授業であった。部活動など、自身が中学校で始めたことの辛さや大変さを生徒に思い起こさせた後に、資料と出会わせる。そして教師の体験談を話す、という流れであった。二週間という限られた実習期間の中で実施する「道徳の時

※**『なまけものの思想』**
安岡章太郎・著
（角川書店）

間」である。私自身の生き方・思いを込めた資料での道徳の授業のほうが生徒の心に届くと考えたのであろう。

なんともお粗末な授業展開であったが、その当時の自分の思いを恥ずかしがらずに授業で具現化し、しかも授業者の意図が入っていた……。二十年前の自分自身に感動した！

さて、オリジナル道徳授業を創る段階からさらに一歩進むと、自分が開発した道徳授業を同僚や近隣校の仲間、研究会の仲間に紹介したり、教育雑誌への投稿やウェブサイトでの公開ができるようになる。良質の道徳教育を自分の学級だけのものにせず、広い視野で教育貢献を果たそうとする志を持ってくる。

私はこれまでに百近いオリジナル道徳授業を創出してきた。そして『中学校編とっておきの道徳授業』シリーズ（日本標準）にその中のいくつかを紹介している。特に、この数年は年間に一〇本程度の授業を創出するようになった。

次章から、創出のための理念やその方法、そして実際の創出ストーリーを示していく。

第2章

魅力ある資料を開発する四つの力

1 資料開発力を高める

第1章で、中学校「道徳の時間」の課題の一つ目に、道徳の授業で扱う資料が、魅力ある資料なのかどうか、を挙げた。

中学校「道徳の時間」課題 1
その資料は生徒にとって魅力があるのか

ここでは、「魅力ある資料をいかにして開発するか」を論じたい。

魅力ある資料はどこにあるのか。

そして、どうやったら入手できるのか。

実は、「どこにでもある」のだ。教師が意識をしているかどうか、であろう。意識していないと、いいものも見過ごしてしまう。目の前を通り過ぎてしまうのである。そういう意味で、資料を見いだすのにも意識を持ち続けるという根性が必要だ。そのためには「二十四時間仕事頭」であることが望ましい。難しいことではない。常に、頭の片隅に「人間のすばらしさが感じられることはないかな」「生徒に考えさせるのにいいものはないかな」という意識を持ち、周りに気を巡らすことである。そしてこれは脳が活性化している状態であり、人間の生き方としても充実し、価値あるものを求め、人生を楽しんでいることになるではないか。

たとえば、ある研修会で、ステージに国旗と県旗が掲げられていた。熊本県の県旗は上のような図柄である（図2−1）。熊本県の「ク」を図案化したものである。九州の地形をかたどり、中央の円は、九州の中央に位置する熊本県を象徴している。

図2−1　熊本県の県章

これで、「一本の授業ができる」と確信した。それは県旗と、宮崎県が東国原知事のもとに地域ブランドなどを創出し、数年前までの「何も誇るものがない宮崎県」というイメージから脱却したことが結びついたからである。

授業の導入は、生徒に熊本の県旗を見せないで県のマークを考えさせ、デッサンをさせる。次に実物を見せ、その意味を知らせる。そして、宮崎県がアピールする地域ブランドを資料で知らせる。この資料は、東国原知事の郷土への思いが表れているようなものにする。それでは熊本県の誇るものは何かを考える。そして知事になったとしたら、何をアピールするかを考える。最後にゲストティーチャーとして県庁の方に来ていただき、郷土が誇るものについて一〇分間話をしていただく。県の特産物などの話になると社会科に近くなる。そのためにも読み物資料が単なる説明のためのものではなく、郷土を愛する「想い」が込められたものを選択する。こういう展開である。

この展開案を隣に座っていた同僚に伝えたら、「本当に道徳が好きなんですね」と言われてしまった。「はい」と答えた！

それでは、魅力ある資料を開発するということを、いくつかの要素に分けてそれぞれの手法を論じてみたい。初めに、資料を探し出す過程がある。そしてその資料にひそむ力を見抜く必要がある（見抜いていたから探し出せたともいえるが）。そしてその資料が教材として成り立つかを点検する力である。そしてそれを失うことなく、キープする力である。キープする力には、思い出して引き出せる力も含まれる。

次のようにとらえた。

資料を 開発する力 ＝ 探し出す力 ＋ 見抜く力 ＋ 点検する力 ＋ キープする力

その手順を示そう。

2 資料を「探し出す」力

「教師自身がほれこむような、生徒にとって魅力のある資料」を見つけ出すためには、アンテナを張り、知らなかった知恵や感動する事実など教師の琴線にふれるものをさまざまな方面に求めていく必要がある。書籍、新聞、テレビ番組、まんが、インターネット、広告、講演など、身の回りには情報があふれている。

それでは、『中学校編とっておきの道徳授業』シリーズ（日本標準）に載せた私のオリジナル道徳授業がどこから見いだしたものか、知るきっかけとなったその源を下の表に示す。

いちばん多かった情報源は、「書籍」であった。情報の信頼性、そして入手しやすさで群を抜くからであろう。まずは、直接書店に出向く方法がいちばんポピュラーである。実際に手にとって本を読まないと伝わってこないことがあるので王道である。

書籍	30
テレビ番組	7
新聞記事	7
インターネット	5
講話	5
マンガ	2
記念館訪問	2
広告	1
自身の体験	1
映画	1

本の立ち読みをしていて見つけることも多い。「がばいばあちゃん」[※1]や「母の小遣い」（前出）は、帯の文章に目がとまって入手した書籍から創った授業だ。たとえば、『きいちゃん』[※2]という小さな絵本を目にしたとき、その帯に書いてある「まるで映画のような」という山田洋次監督の言葉に引き寄せられて手に取った。感動的な資料であるとともに力強く生きることを示唆する、力のある資料であった……。書店に出向かなければ決して見いだすことができなかった資料である。

ゆっくり本に向き合おうと思えば、最低でも二時間くらいは必要であるが、待ち合わせや集合時間の前の少しの空いた時間でもリサーチは楽しい。

ほかにも、インターネットによる注文など、情報ツールを駆使して楽しみながら探し出すこともある。中古の本を買うことができるウェブサイトでは、興味を持ったテーマや作者の著作は数冊注文する。もちろん空振りの内容の本もある。しかし、何百円かで数時間が節約されると考えればありがたい。時間の節約になるのがいちばんである。ちなみに、平成十九年四月一日から十一月三十日の八か月間で、私があるウェブサイトから購入した書籍の数を数えると、七一冊あった。

雑誌や新聞の書評も大きな情報源である。ビジネス雑誌には、人間関係についてふれる内容や自己啓発・自己管理に関する内容などがあり、とても参考になる。実際、人間関係について特集していた雑誌から『生協の白石さん』（前出）を活用するヒントをもらったり、仕事術を特集していた雑誌から『経産省の山田課長補佐、ただいま育休中』[※3]を活用するヒントをもらっ

※1 『中学校編とっておきの道徳授業Ⅲ』 桃崎剛寿・編著（日本標準）六一ページ参照。『佐賀のがばいばあちゃん』島田洋七・著（徳間文庫）を資料とした実践。

※2 『きいちゃん』 山元加津子・文／多田順・絵（アリス館）

※3 『経産省の山田課長補佐、ただいま育休中』 山田正人・著（日本経済新聞社）

たりした。

私の仲間の一人は、「ワイフの購読する女性週刊誌にはいろいろな題材があるから、よく読んでいる」と言っている。三大女性週刊誌を丹念に読み込んでいるそうである。実際、彼はそこから多様な資料を見つけ出し、オリジナル道徳授業を創出してきた。

また、資料との出会いが、テレビ番組やインターネットの情報の場合がある。テレビ番組は制作者の意図が作者以上に表れる場合があったり、インターネットは、そもそも信頼度については、やや不安があったりするので、最後は文献での確認が必要になる。少しでも疑わしい部分があれば、その情報が正しいかを確認するためにも書籍はとても必要である。

しかし、書籍であってもその内容がオカルト的なものもあり、信用がおけないものもまれにある。数冊の書籍での照合が必要な場合もある。

二番目に多かった情報源は、テレビ番組であった。「感動的な話」を扱った番組や良質なドキュメンタリーは、道徳の授業の資料として使いやすい。NHKのドキュメント番組「プロジェクトX　挑戦者たち」や日本テレビの「知ってるつもり?!」はその点、群を抜いておもしろい番組であった。「プロジェクトX　挑戦者たち」で、終盤ストーリーに感動しているときに、さらに「これでもか」と言わんばかりに、中島みゆきさんが歌うテーマ曲とともに最後の資料が紹介されるときは、いつも感無量になっていた。ちなみに、この構成法は私の「道徳の時間」授業づくりにおいて大切な手法になっている。また、文章ではわかりにくい時代背景や取り組む人々の表情が映像を通して理解できる。ここから道徳の授業づくりをされた方も、たくさんいらっしゃるであろう。

私も「プロジェクトX　挑戦者たち　第一二五回『霧の岬　命の診療所』」の内容を、日本放送出版協会から出されている書籍から読み物資料を作成して、「医療に携わるということ」※として実践した。道下医師が辺地医療に取り組み、その地域に尽くしていくストーリーを用いた授業である。映像は使わなかった。読み物資料の方が、当時の道下氏の苦境や決断に至る心情をはかりやすいと考えた。

テレビ番組の映像をそのまま資料として使おうとすると、以下のような理由で、道徳の授業に導入しにくい面がある。

一つ目に、番組の放送時間が長くて、授業時間の中で多くの時間を使ってしまうことである。

二つ目に、情報量が多く、しかもいろいろな道徳的価値が含まれることがあるので、一時間の授業では生徒に「これ」といった、はっきりした内容が残りにくいことである。

三つ目に、生徒の元に資料が残らないので、後で資料の内容を思い出そうにも思い出しにくいことである。

したがって、それぞれを修正しながら授業づくりに取り組む必要がある。

たとえば、映像を必要不可欠なところまでぎりぎり絞り込み、五分から一五分程度の視聴にする。短ければ短いほどよい。また映像は多くの情報を含むことがあるので、合わせて読み物資料を用いる。このことは、資料の信頼性を高めるうえでもおおいに有効である。

また、テレビ番組は制作者の意図が強すぎて事実がデフォルメされたり、ＢＧＭなども流れ

※『中学校編とっておきの道徳授業Ⅲ』桃崎剛寿・編著（日本標準）九五ページ参照。

て視聴する生徒の感情を誘導したりすることがある。たとえば、資料から悲しみを感じとらせるのではなく、悲しみという感情を喚起するためにＢＧＭが使われることが多い。道徳の授業では、生徒に冷静に思考させたい。「このＢＧＭはいるのか、除外すべきか」を考え、音量を落とすなど配慮が必要である。

テレビ番組と同じく二番目に多かった情報源が、新聞記事であった。こちらも書籍同様、情報の信頼度は高い。それでも社会的な課題を扱う記事では、同じ内容でも新聞社により論調が異なる場合がある。数社の記事を比較するとより客観的な資料になりうる。一方、後で述べる「保管のしやすさ」では他の情報に比べて劣るため、私は苦手にしているところである。しかし、スキャナーで読み込み、ファイルにしておくと、その点は解消されるであろう。

各新聞社も教育に活用できるよう紙面を工夫している。第４章で紹介する実践「イースター島の謎」は、読売新聞のＮＩＥ（Newspaper In Education）特集の「自然の力　生命の力」を主な資料とした。ウェブサイトにもアップされており、非常に活用がしやすく、かつ高品質であった。

四番目に多かった情報源は、インターネット上のニュースや特集であった。しかし、これらについては、その信頼性は低いことが多い。考えるヒントや考える切り口を得るための情報と考えるのがよいであろう。信頼される情報源として、新聞社のニュースや公的機関のウェブサイトに限ることもある。

3 素材にひそむ力を「見抜く」力

素材の中にある「大切なこと」、つまり「資料の力」を見抜くには、教師が生徒の実態をよく把握し、その生徒をどのように成長させたいのかを日ごろから明確にしておく必要がある。教師の願いがはっきりしていないと、資料が持っている力に気づかない。教師の哲学が前提である。

三七ページに示したような、生徒にこの力を付けたいというねらいを持っている教師には、普通ならば気にならないような資料にも、その中に「何か」を感じとることができる。そのようにして、感じとったもの同士が脳の中で、その「何か」のつながりで結び付いている。そして、ある授業を構成するときにその結び付きがオンとなり、その資料が授業の中に活用されるのである。

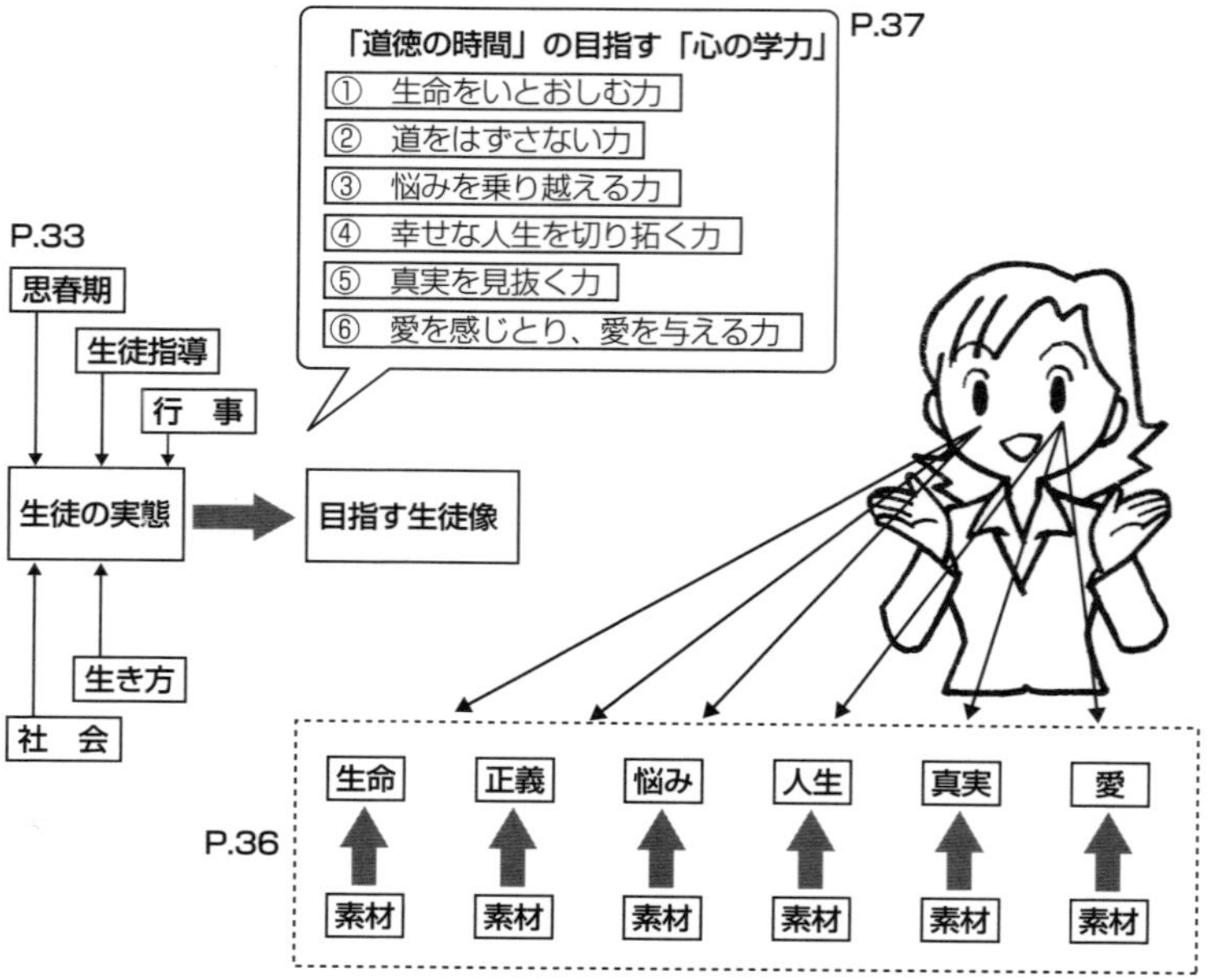

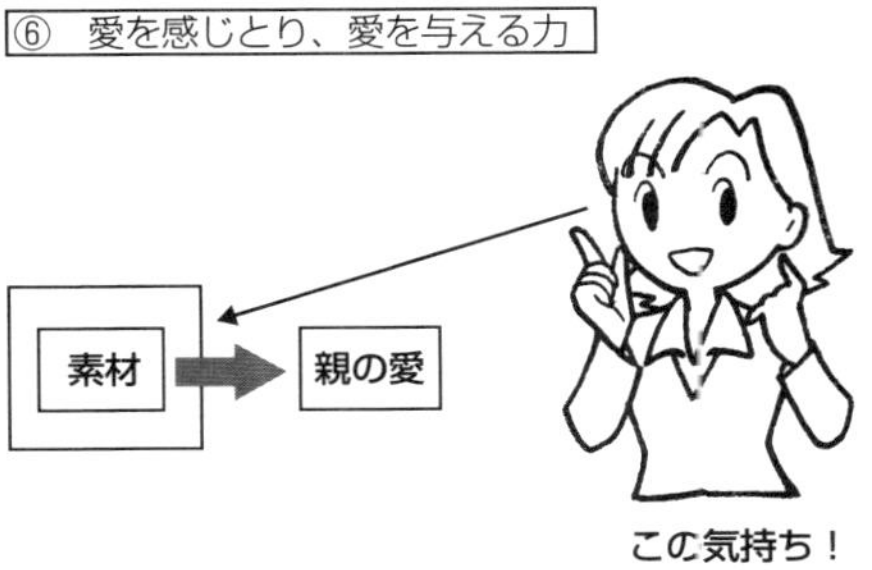

たとえば授業実践「母への小遣い」（前出）。生徒はまだ「親の気持ち」はなかなかわからないし、自分の親や大人に対して何かとその欠点に気づき出す年齢である。しかし、たけしさんのお母さんのさきさんが示した子どもへの心配、そしてそれを解消するための心憎いまでの関わり方に、親のすごい愛を感じられるであろう。それを生徒に気づかせることができるこの資料は「宝」と映るのである。

　たとえば授業実践「生協の白石さん」（前出）。漫然と読んでいれば、「白石さんの受け答えはおもしろいなあ」という面しか気づかない。お笑いの対象としてでしかとらえられない。しかしその中にはコミュニケーションの技術、相手の立場を理解しながら言うべきことはきちんと伝えるアサーティブネス※のヒントが含まれている。人間関係を築く力の不足を感じ、どうにか生徒にその力を付けてあげたいと考えていると、その資料が「宝」と映るのである。

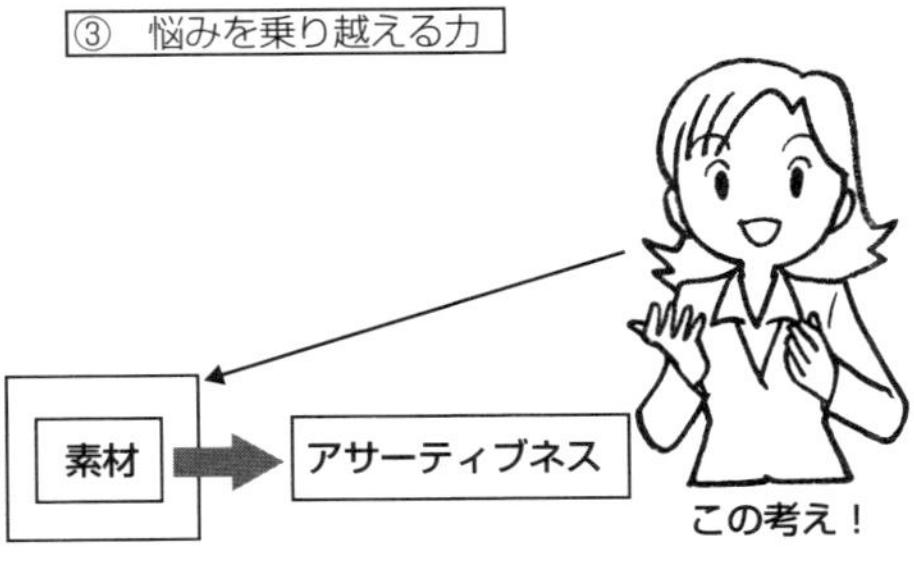

※アサーティブネス
相手の権利を侵害しないで、対等の立場で意見や気持ちを言うこと。

4 資料を「点検する」力――10のチェック事項――

いったん「いいな」と思い、手にした素材。「いいな」と思ったことが、「学びの対象になりうるものか」を点検する必要がある。素材から教材化する前にさまざまな視点での点検が必要である。それらをクリアしたとき、質のよい資料となりうる。

以下に10のチェック事項を示す。

【チェック1】与える資料に「有益かつ新たな知識・知恵」があるか

この授業で学んでほしいことは何か、生徒が知らなかった知識・知恵は何かを点検する。

よく「『道徳の時間』は知識・知恵を得る時間ではない。心を見つめる時間だ」といわれるが、見つめさせるにも考える具体物が必要である。それが新しい知識・知恵である。

たとえば、「平和ということを考えよ」といってもなかなか考えられない。抽象的なことには抽象的なことでしか答えられない。しかし、「残された地雷が今どれだけ人を苦しめているか」という事実や、その地雷撤去のために人間がどう挑んでいるかを具体的に学ぶことで、平和について考えられる。

神は底部に宿り給う

である。宇佐美寛先生[※]から学んだ言葉である。具体的事実を一つ一つ検討する。その積み重ねが道徳的な価値を深めるのである。

そして、その新たな知識・知恵が生徒にとって有益か否かである。取るに足らない内容（トリビア）であれば、「道徳の時間」の授業の資料としてはいかがなものか。有益さに欠けると、ややもすると奇をてらったような授業展開に陥りやすい。

※宇佐美寛
千葉大学教育学部名誉教授。

【チェック2】与える資料が促す「思考の再構築」は何か

資料からインプットされたことが単なる事実で止まってはならない。生徒の既知の知識や思考に新たな視点が加わり、その結果、見方や考え方を変えることができるかを点検する。

たとえば、「こんなふうに考えると、今まで気づかなかったことがわかった」とか、「自分のこういうとらえ方がいけなかった」というように、多角的な見方ができるようになり、考え方が変わることである。

たとえば、「あの考えがこの場面で生きているんだ」とか、「あのことと、このことにはこんな関係があったのか」というように、既知のこと同士を関連付けることで考え方が変わることである。

【チェック3】生徒の予備知識はじゅうぶんか

中学生の既知の学習内容でその資料の内容が理解できるかを点検する。たとえば、水俣病[※1]とシチズンシップを扱った道徳の授業や捕鯨問題[※2]を扱った道徳の授業がある。これらのような環境問題や国際間の問題などは、より深い社会科の知識がないと、そもそも判断がしづらい。社会科の学習内容は以前と比べて減っており、道徳の授業一時間の中で考えさせられるかどうかの検討が必要である。既知の事項がどれくらいかを社会科担当の先生に事前にたずねておくことが大切である。その点で、学習の進んだ中学三年生くらいになると実施できる道徳の授業もあろう。

たとえば、臓器[※3]の提供に関してドナーカードを扱う授業がある。これについて考えるには医療的なことに加え、倫理的なことや宗教的なことまで教材研究をしたうえで授業化する必要がある。また、それを推奨する側の意見のみならず、慎重な態度をとる側の意見も合わせて考えさせるようなバランス感覚が、教師には求められている。そのように考えると、一時間ではなかなか完結できない授業であり、生命の尊重の視点からも、単元的な取り扱いをしたい内容である。

【チェック4】中学生に対して刺激が強すぎないか

ショッキングな事実や写真、映像を用いる授業を参観することがある。確かに生徒はどきっとして、心に響くのだろうが、そこで思考が停止してしまい、冷静に先に進めなくなることが

※1『中学校編とっておきの道徳授業Ⅱ』桃崎剛寿・編著（日本標準）一五三ページ参照。

※2『中学校編とっておきの道徳授業』桃崎剛寿・編著（日本標準）一四五ページ参照。

※3『とっておきの道徳授業Ⅳ』佐藤幸司・編著（日本標準）一一九ページ参照。

ある。冷静かつ柔軟な思考ができるような配慮が必要である。

たとえば、捕虜に対して人道的な行動を取った板東俘虜収容所の松江所長をクローズアップした道徳の授業がある。※導入で、イラク人の捕虜をアメリカ兵が首輪でつないでいる写真を使った。捕虜に対する人権侵害の事件を示す写真である。

この写真を提示するときに、首輪でつながれている部分までは見せなかった。あまりのショッキングさにそこで思考が停止してしまうからだ。下の新聞記事にある写真の、左側の兵士だけを拡大して提示した。

拘束イラク人 犬扱い

米兵が首にひも

米紙が写真

アブグレイブ刑務所での拘束者虐待を示す写真を掲載した米ワシントン・ポスト紙

【ワシントン和田浩明】6日付の米ワシントン・ポスト紙は、米兵によるイラク人拘束者虐待事件が発覚したバグダッドの刑務所に勤務していた女性上等兵(21)が、床に横たわる裸の男性の首に付いたひもを持った写真を1面に掲載した。写真は男性が首輪を付けられて米兵に引かれているようにも見える。衝撃的な画像が新たに浮上したことで、イラクや周辺国での反米感情や、米国内での

70代女性はロバ扱い 背にくら、馬乗りに

【ロンドン山科武司】5日付の英夕刊紙「イブニング・スタンダード」は、米兵によるイラク人虐待が行われていたアブグレイブ刑務所などで、米兵が70歳代のイラク人女性をロバに見立てて馬乗りにしていたと報じた。ブレア首相のイラク人権問題担当特使であるアン・クルーイド議員の話として伝えた。

同紙によると、女性は旧フセイン政権との関連を疑われ、昨年7月から6週間拘束された。その間、米兵は女性を「ロバ」と呼び背中にくらをのせ、その上に乗って歩かせたという。

英国に住む女性の親族が同議員に通報し、議員が米英の関係当局に働きかけた結果、米兵2人が逮捕されたという。

授業では、写真は[ ]の部分のみを使用。

毎日新聞2004年5月7日付

※『中学校編とっておきの道徳授業Ⅲ』桃﨑剛寿・編著(日本標準)一五五ページ参照。

【チェック5】情報量が多すぎて消化不良を起こさないか

まるまる一冊の本を資料にしたいときがあるが、はじめから最後まで扱おうとすると、とにかく生徒は読むことに、教師は説明することに追われる。

たとえば、座礁[※1]したトルコの船の乗員を日本人が救助したことと、イランで国際紛争が勃発したときにトルコの航空会社が日本人を脱出させてくれたことを扱った道徳の授業がある。

たとえば、台湾[※2]でダムを造り、民衆に尽くした八田與一《はったよいち》を扱った道徳の授業がある。

これらのように、歴史的なことや国際的なことを扱う資料だと、どうしても扱う知識や内容が豊富になる。視覚教材や映像を使って「事実を知らせる」場面と、じっくりと生徒に考えさせる場面をしっかり設定することが大切である。特に映像の場合は、一五分も視聴させれば、多すぎるほどの情報が与えられる。情報が多いだけに、それらの情報が全員に理解されるかは保証されない。また、それ以上長く視聴させると集中力も続かない。ＮＨＫの道徳教育番組「道徳ドキュメント」も一五分である。この時間をリミットにするのがよいであろう。

【チェック6】一面的な見方になっていないか

戦争責任問題、戦争犯罪の問題、沖縄基地問題、死刑制度の問題、核エネルギー開発問題など、社会の中でも判断が難しく、何が真実かについていろいろな意見が交錯する問題がたくさんある。もしもこれらの問題を扱うときは、賛成側と反対側の両方の見方を考えられるような展開にするとよい。将来、この問題に関わるときの事前の学びにするのが望ましい。

※1 **『中学校編とっておきの道徳授業Ⅱ』** 桃崎剛寿・編著（日本標準）一七ページ参照。

※2 **『中学校編とっておきの道徳授業』** 桃崎剛寿・編著（日本標準）一四九ページ参照。

同時に、教師自身が基礎学習としていろいろな方向から諸問題を研究することが大切である。どのような意見がその問題に投げかけられているのかを知らないと、中立性についてさえわからないからである。

【チェック7】教育的配慮がされているか

大人同士が語り合う題材ではない。義務教育の段階で考える内容である。それにふさわしくないものは取り上げることはできない。

たとえば、殺人を犯した服役者の更生、そしてその事件を取り巻く社会の問題を取り上げた資料がある。そこからさまざまな学びができるのだが、この授業を実施するのには抵抗があった。やはり被害者の家族の心情を考えると、自分の家族が殺害され、その殺人を犯した人が道徳の授業で扱われるのは、やりきれない辛いものがあると考えた。

ほかにも、ビール瓶のラベルの歴史や、たばこ会社のマナーに関するコマーシャルを活用した道徳の授業も考えられるが、飲酒や喫煙の生徒指導上の問題もあり、道徳の授業化は難しい。

【チェック8】その資料は本当に事実なのか

入手した資料が事実か否か。まさか生徒に事実でないことをもとに授業するわけにはいかない。いくつかの書籍などで確認する必要がある。

たとえば、※広島東洋カープの前田智徳選手を扱った道徳の授業がある。前田選手は、〃あの

※『**中学校編とっておきの道徳授業Ⅳ**』桃崎剛寿・編著（日本標準）九ページ参照。

イチローがあこがれた天才バッター〟とよく言われるが、このことは本当なのか、単なる噂なのか。スポーツ評論家の二宮清純氏の著書に数冊あたり事実であることを確かめた。また、前田選手の性格をよく表していると言われる〝涙のホームラン、お立ち台拒否〟。試合を決めるホームランを打ったにもかかわらず、涙を流し、ヒーローインタビューも拒否した。これには二宮清純氏の見解以外にも諸説があった。いろいろな説があることを、そのまま生徒に伝えることができた。

インターネット上の情報は、確実なことかどうかわからない。

たとえば、日本[※1]のアニメ「キャプテン翼」を扱った道徳の授業を開発しているときのことである。イタリアのトッティ選手をはじめ、イタリア代表選手がこぞって「キャプテン翼」について語っているウェブページを見つけた。しかし、その真偽が怪しい。ちなみに、トッティの言葉はサッカー雑誌で確認できたが、ほかの選手の言葉はそのウェブページ以外では確認できなかった。そのためトッティ以外の言葉は授業では扱わなかった。

また、資料は「生きている」ので、更新していく必要がある。以前、副読本に「若乃花と貴乃花」という、兄弟愛を扱った道徳資料があったが、さすがに今は使いにくいようである。また、[※2]「ハンデの切り替え方」という道徳の授業がある。ここで中日ドラゴンズの石井裕也投手は、補聴器のスイッチをオンオフすることで集中力を高めることを紹介している。ところがあるメーカーが石井投手のために特別な補聴器を作成して、今はそれを付けたまま投げているそうである。そのような資料を付け加えると、そこでその補聴器を開発された方の思いも入れる

※1 **『中学校編とっておきの道徳授業Ⅴ』** 桃崎剛寿・編著（日本標準）五一ページ参照。

※2 **『中学校編とっておきの道徳授業Ⅴ』** 桃崎剛寿・編著（日本標準）八九ページ参照。

ことが可能である。

最も気をつけなくてはならないのは、科学的に検証されていない内容を真実と決め込んでしまわないようにすることである。たとえば、水にいい音楽を聞かせると、なんとも美しい結晶ができるという説である。たとえば、環境によいといわれるEM菌である。――これは教育に利用できるかもしれない」と考えたなら、「多面的に調べる」べきだ。授業づくりをする前に複数の書籍などで冷静に確認する必要がある。

【チェック9】資料の傾向が偏っていないか

教師の「道徳の授業で子どもたちに感動を与えたい」という気持ちはわかる。「涙を誘うような感動を」と考えるのはわかるが、それがために資料が偏る可能性がある。それは死を扱う授業である。特に幼い子どもの死を扱う授業は、だれしも胸が詰まるものである。しかしそれが何週も連続するようであれば、「今日の道徳の授業もまた人が死ぬ話だ。今日は何人死ぬのかな」という意識を生徒が持ちかねない。このようなときに学習指導要領が示している内容項目は便利である。偏っていないかの点検ができる。

ほかにも、難病で苦しむ方や障がいのある方がその困難を克服していく資料から「強い意志」を学ぶ「道徳の時間」がある。「涙を誘うような感動を」を与えられるかもしれないが、それだけの理由で授業を実施するのには同意できない。「生徒が涙を流していた。だからいい授業だ」とはいえない。

【チェック10】生徒に伝わるものなのか

スポーツ選手の活躍は感動を生む。「こんな特別な練習をしてきた」とか「毎日一〇時間の練習に励んだ」といった、スポーツ選手の努力を資料の中心に置いた授業を参観することがある。しかし、練習の努力は、なかなか生徒に伝わらないものである。特にプロの選手にとって、努力は、その人の生活収入がかかっている。中学生の部活などとは環境や条件も離れており、自分をふりかえって考えるときに無理が生じることがある。また、年齢的には、若い選手のほうが生徒の興味をひくことができるが、道徳的な資料としてはある程度年齢を重ねた人のほうがよい資料になる傾向がある。

ほかにも、仕事に一生懸命努力をしている人を主資料にした道徳の授業がある。私たち大人は、仕事の大変さ、難儀さ、責任の重さを体験的に知っているから、その一言一言に学ぶことが多い。しかし中学生は、仕事の体験といっても、たかだか職場体験である。大人と同じように伝わるかは疑問である。このことからも、将来には必要かもしれないが（またはもっと幼少期には必要だったのかもしれないが）、今の中学生に実施すべきかどうかの意味を確認しなければならない。

以上、10のチェックポイントを示した。これらをクリアできたら珠玉の資料である。

また、これらに加えて、「教師の趣味に合致するか否か」という、扱う教師のモチベーションは、資料として採用する際の重要な要件になるであろう。「中学校編とっておきの道徳授業」

シリーズ（日本標準）の登場人物に格闘技系が多いこと、そしてプロ野球選手ではなぜか広島東洋カープの選手が取り上げられることも、編著者の趣味がおおいに影響している。

また、学校の卒業生や地域に関する資料も授業化しやすい。

たとえば、学校文集※1の中の体育大会に関する感想文を資料にした道徳授業や、地域※2の文化検定を資料にした道徳授業である。

資料 ⇒

チェック

1 与える資料に「有益かつ新たな知識・知恵」があるか
2 与える資料が促す「思考の再構築」は何か
3 生徒の予備知識はじゅうぶんか
4 中学生に対して刺激が強すぎないか
5 情報量が多すぎて消化不良を起こさないか
6 一面的な見方になっていないか
7 教育的配慮がされているか
8 その資料は本当に事実なのか
9 資料の傾向が偏っていないか
10 生徒に伝わるものなのか

⇒ 珠玉の資料

※1 **『中学校編とっておきの道徳授業』** 桃﨑剛寿・編著（日本標準）八一ページ参照。

※2 **『中学校編とっておきの道徳授業Ⅴ』** 桃﨑剛寿・編著（日本標準）七五ページ参照。

5 資料を「キープする」力

見つけ出した貴重な資料群。「これは！」という貴重な資料ほどていねいに保管し、いつでも引き出せるようにする必要がある。整理が得意な方、そして居住空間が広い方はファイリングがよい。数冊のファイルにその種類や時系列で整理をしていく。

苦手な方は段ボール箱にどんどん投げ込んでおくとよい。下にたまっているものが古い情報、上の資料が新しい情報である。時系列で並んでいるので、資料を探すときに案外便利である。どんなものがあったのかと思い出すため、ときおり段ボール箱の中を見返す。するとそこから、資料と出会ったときとは異なる思いを抱いたり、資料と資料の間に関連を見いだしたりして、授業化へと進むときがある。

たまってきた書物の保管に悩むくらいなら、古書店に売ってしまうのも一つの手である。その点パソコンでの保存は便利である。紙媒体もＰＤＦファイルに変換して保存できる。検索機能で、簡単に探し出すことができる。

ネット上の新聞記事の場合、古い記事は削除されるので注意が必要である。各新聞社のオンラインサービス（有料）に申し込むと便利である。また、どうしても実物を確かめる必要があるときは、図書館に保管されているマイクロフィルムなどで確認することもできる。

第3章

中学生が夢中になる
魔法の道徳授業づくり

1 「道徳の時間」の授業構成を改革せよ

第1章で、中学校「道徳の時間」の課題として、授業構成に工夫が必要であることを挙げた。

中学校「道徳の時間」課題 2
その授業構成が生徒の好奇心を引き出せるのか

どんな資料でも、どんな学年でも、いつも通用する「道徳の時間」の授業構成があるとしたら、それは奇妙である。「学習内容の領域や難易度によって展開を変える」ことが常識である教科の学習からすると考えられないことである。「道徳の時間」も資料の性質や対象学年によって望ましい授業構成がされ、発達段階にあった展開が必要である。

「道徳の時間」には、二五ページで述べたように、いわゆる「基本型」という授業展開の流れがある。その根本精神を、〈「資料」で大切なことを追究し、「自己」を見つめさせる〉と、私は解釈している。ところが、なぜか現場では、あまり根拠のない枝葉が細部までいっぱい付いて、「あれはいけない」「これはいけない」と、きわめて制限の多い「道徳の時間」に成り下がってしまい、それがスタンダードになってしまった。そして全国津々浦々、小学一年生から中学三年生まで、ワンパターンの基本型のみで数多く展開されている不幸が起きている。

この不幸な状況に対し、一九八七年深澤久氏[※1]が実施した「命の授業」は、道徳の時間の改革へ進む大きなきっかけとなった。氏は次の三点を拒否した授業をしたかったと語っている。

①[※2]「フィクション（創作）の世界」を現実の生活にひきずりこもうとする強引さとむなしさ
②多様であるべき個人の感性を、一つの「価値項目」にあてはめようとする非人間性・野蛮さ
③こうしたことから必然的に生まれる、児童の「たてまえ論」の白々しさ

まさしく、道徳の授業改革であった。

また、最近では、教育再生会議[※3]でもこの状況を「形骸化」とまで称し、その改善を強く求めた。文部科学省も道徳教育指導者養成研修（九州ブロック）において、「体質改善」を訴えている。「形骸化された基本型の道徳の時間」とは、次のパターン以外を「道徳の時間」の授業と認めない授業である。ただし時間はある程度の目安である。

●**基本型の展開例**

過程	時間の目安	大まかな内容
導入	五分	〈自己〉軽い自己凝視で「価値の方向付け」
展開1	二〇分	〈資料〉資料を用いて「価値の追究」
展開2	二〇分	〈自己〉しっかり自己凝視をして「価値の自覚化」
終末	五分	〈資料〉説話・格言などで「意欲化」を図る

※1深澤久　群馬県小学校教論。「道徳教育改革集団」代表。

※2**『命の授業――道徳授業の改革をめざして』**深澤久・編著（明治図書）一四ページ。

※3「『道徳の時間』について（中略）体験的活動や心に響く教材を取り入れる。また、地域や企業の有識者を招いた授業を実施するなど、道徳教育を形骸化させない。」（「社会総がかりで教育再生を～公教育再生への第一歩～　第一次報告」平成19年1月24日、教育再生会議）

自己を少し見つめさせて、資料に入り、自己をふりかえらせ、最後の資料（説話や格言）で終えるという流れである。

〈自己〉→〈資料〉→〈自己〉→〈資料〉のパターンである。

ところが、基本型の授業でいちばん悩みが生じるところが、自己を見つめる展開へ移るところである。資料でいっぱい大切なことを学び合った後に、「さて、自分のことを考えてみよう」と、自己を見つめる展開に入ったとたん、生徒のモチベーションが下がってしまう授業が多い。自分の問題としてとらえることは責任の重さや、実行の決意を促されることも多い。説教のようにも聞こえる。年間三十五時間で、三十五回の誓約をさせられる……。そんな思いをさせないような配慮が必要である。

国際問題や環境問題、平和問題など、資料が生徒の実生活と離れた内容になると、実生活のふりかえりは難しくなる。そういう資料を扱った際は、「学級の中のあのことと近いのではないか」とか、「学級で取り組んできたあのことと似ていないか」というように、生徒を資料に近づける方法がある。

著名人や偉人の人生などを扱った資料であれば、「その人だからできた話」で終わってしまう場合もあろう。そういう際は、主人公の弱いところや、中学生のころのエピソードなど、身近に感じられるところを資料にすることで、差を感じさせにくくすることができる。

また、〈自己〉（自己を見つめさせる）と、〈資料〉（資料で大切なことを追究する）の組み合わせ方を大胆に変えることで、授業構成のバリエーションが増える。

このように、いろいろな授業構成があってしかるべきだと考える。以下、三つの他の視点を示す。

①〈自己〉→〈資料〉という構成

前半のかなりの時間を資料を使わずに、参加型体験型学習や構成的グループエンカウンター[※1]的手法、ソーシャルスキルトレーニング[※2]などの社会的プログラムを取り入れた学習を行う。または、自己問答などの自己カウンセリング的な学びにより自己を見つめさせる。展開の後半に、価値が込められた資料で学び合うという流れである。前半の活動における再認識や再構成だけで自己を高めていくことの限界を、展開後半の資料で補う方法である。

ただし、前半で目指したねらいと後半の資料が持つ価値との間にズレがあるといけない。この連結がなめらかになるような資料をいかに見つけるかがポイントである。また、展開前半の体験は疑似体験であり、どれだけ生活と結び付けて考えることができるかという問題が指摘されることがある。

また、社会問題を扱う道徳の授業などで、まず問題の原因やその解決の方法を中学生の予備知識の範囲でしっかり考えさせ、その後に資料で高める方法がある。

②〈資料〉のみ

資料で始まり、資料で終わる授業。資料から価値を追究した結果、生徒に「こんな生き方は

※1構成的グループエンカウンター　リーダーの指示した課題をグループで行うなかで、互いに認め合う体験を深め、自己の成長を図ろうとするもの。

※2ソーシャルスキルトレーニング　社会的・対人的人づきあいの技能を身につけるための訓練。

かっこいいな」「こんな考えはすてきだな」という自意識が育つ。それを大切にしたまま終えて余韻を残す。資料は感動的な資料から知識豊富な資料までさまざまある。最後の感想や生活ノートへの記入などで自分の生活を考えさせる。

もちろん、生徒から自分とは関係ないこととして意識されてしまうかもしれない。また、資料にあまり興味のない生徒は、特に早く飽きてしまうかもしれない。そこで、その資料から大切なことを学ぶ中で、「なぜそう考えましたか」とか、「似たことがありますか」とたずねることで、自分をふりかえらせることができる。そのようにして資料と生徒の距離を縮める必要がある。

また、身近であるがゆえに問わなくても生徒がじゅうぶん考えてしまう内容の資料の場合も、資料のまま終わってもよいであろう。

たとえば、身なりを整えることの大切さを学ぶ道徳の授業で、「自分の身なりはどうですか」という発問は、「何だ、言いたいことはそれかよ」と、生徒の意識が資料の本来のよさから遊離してしまう危険がある。その発問はしなくても、日ごろから関心が高い生徒は、資料と自分をダブらせながらじゅうぶん考えている。

③〈自己〉のみ

自分を見つめる自己凝視のみで進める授業である。深澤久氏が「自己問答の授業」として提案したものが一つの例となる授業スタイルである。教師の問いに生徒は自己を見つめ、それぞれの生活体験を思い浮かべながら進める。発散的思考や価値付けをしながら自分のことを考えていく。

たとえば、道徳授業「人生で大切なものは何か」※である。主な流れを示す。

発問　これがないと生きていけないっていうものは何ですか。
発問　人間が「人間らしく」生きていくうえで大切なことを、一言で言うと何でしょう。
指示　今の自分にとって、いちばん大切だと思うものを一つだけ選びなさい。
指示　自分で考えたものをほかの言葉で言いかえてみなさい。
発問　あなたはそれを大切にした生き方ができていると思いますか。
発問　それができるようになったらどんなすばらしい自分になるのでしょうか。想像して書きなさい。

このスタイルはそれぞれの生活体験を元に考えていくため、媒体となるものはなく、生徒同士が共同で考えるのが難しい。終末に価値を高める資料をおくのもよいが、このタイプはそれをあえて除外したスタイルである。

※『中学校編とっておきの道徳授業』桃﨑剛寿・編著（日本標準）九五ページ参照。

2 内容とねらいからつくる四つの授業の型

六九ページで紹介した基本型だけでなく、資料の内容やねらいによって、多様な授業の型が「道徳の時間」には考えられる。そこで、多様性を認めた実践群の中にある真実や法則を抽出する。「中学生に変動※を与えることができる道徳の授業」にはどんな型があるのか。そしてそれぞれの型の特性は何か。それがわかればよりよい道徳の授業を創出する大きなヒントになる。

ここでは、次の四つの型をあげて、それぞれのポイントを示す。

「生き方モデル型」「行動連動型」「課題認知型」「心温め型」

①生き方モデル型の道徳授業

「生き方モデル型の道徳授業」とは、人物の生き方から美意識を学ぶ型である。中学生は人を内面で評価し、大きく影響を受けるようになる。「この先生は立派だ」と信用すれば、とことんついていく。「この友人はすてきだ」と認めれば、苦楽を共に進もうとする。そして人との出会いで人生が変わる可能性さえもある。そのような多感な中学生に、すてきな生き方をした人物をモデルにして美意識を構築させるタイプの道徳の授業である。

※変動
心が「変」わり、体が「動」く、という意味（『道徳授業原論』深澤久・著（日本標準））。

近づきたいモデルを示すことで、「すてきな人生だなあ」というあこがれを持たせる。そして、生きていくうえでその価値ある思考を意識させるようにしたり、その価値ある行為を生きていくうえの指針とさせるようにしたりすることをねらう。授業の流れは基本型を旨とするが、導入はその人物への興味関心を高める学びを入れることが多い。関連する「一内容項目」も一つであるとは限らず、価値あることを多角的に学ぶことがある。

スポーツ選手の生き方から学ぶスポーツ型、働く人や企業の職業観を学ぶ職業型、そのほかに歴史型、芸能人型、身近な人物型などがある。ただし、取り上げる人物によっては生徒自身の生活との遊離感が生じやすいこともある。自分自身と関連付けて考えやすいエピソードを資料として扱うことがポイントになる。

●展開の大枠例

過程	時間の目安	大まかな学習内容例
導入	五分	〈資料〉その人の紹介
展開1	三〇分	〈資料〉「大切なこと」をクローズアップ
展開2	一〇分	〈自己〉その価値の自覚（書く活動・学び合い）
終末	五分	〈資料〉その人のほかのエピソードや映像

●実践例「世界一※と日本一」

柔道家の斉藤選手が山下選手に挑んだ生き方から学ぶ実践である。斉藤選手は公式戦では山

※**『中学校編とっておきの道徳授業Ⅳ』**桃﨑剛寿・編著（日本標準）三三ページ参照。

下選手に一度も勝てなかったが、山下選手との戦いが支えとなり、その後オリンピックで二連覇を果たす。その人の生き方を扱うので、資料の量は増え、あきらめない心や創意工夫などたくさんの大切なことがある。そのため、展開2で生徒がお互いに学び合えるようにする。

過程	時間の目安	大まかな学習内容例
導入	五分	①「世界一だけど日本一ではない」という意味がわかりますか。 ・〈資料〉山下泰裕氏と斉藤仁氏の選手時代の経歴
展開1	三〇分	②二人が戦った最後の試合はどんな試合だったでしょうか。 ③（「一二〇%の力を出した僕のベストマッチ」など、負けても斉藤選手の前向きなコメントを提示して）どう思いますか。 ④日本一を取り逃すも、ベストマッチができた斉藤選手はこれからどんな選手生活になるでしょう。
展開2	一〇分	⑤（強い後輩の出現やけがなど、予想外の苦しみの中で）斉藤選手のいちばんの支えになったのは何ですか。
終末	五分	⑥斉藤選手にとって山下選手との戦いはどんな意味があったのでしょう。 ⑦あなたにとって、人生の支えになるものがありましたか。 ・〈資料〉他のエピソードや、最近の監督としての活動の様子など

②行動連動型の道徳授業

「人の心は一時間の授業では変わらないから道徳の授業に即効性を求めない」という考えがある。否。即効性が可能な道徳の授業もある。それは今こそ学ぶ必要のある情報や知恵があり、学びを具現化する生活場面がセットされている道徳の授業である。行動連動型の道徳授業には、生徒が変わり、動くようになる力がある。

「行動連動型の道徳授業」とは、「生徒にこんな行動を取ってほしい」というプラスの姿を提示して伝える型か、「生徒にこんな行動を取ってほしくない」とマイナスの姿から考えさせる型である。つまり、資料には「有益である情報」や「このことを知らないと大きな過ちを犯すような知恵」がある。今の生活や近い未来の生活に起こりうるような身近な資料を用いて、生活場面でプラスの行動へ向かい、マイナスの行動を減する変容をねらう。そのような事後の活動場面へのつなぎが大切である。

●展開の大枠例

過　程	時間の目安	大まかな学習内容例
展開1	二〇分	〈自己〉行動への取り組みの評価
展開2	二〇分	〈資料〉資料の中の価値にふれる
終　末	一〇分	〈自己〉価値の自覚、学び合い or 〈資料〉他のエピソード

●実践例「取り返しのつくこと・つかないこと」※

児童による殺傷事件が起きたときに行った実践である。その児童は事件後、自分のしたことを反省して「ごめんなさい」という言葉を発している。しかし取り返しはもちろんつかない。その言葉からも「むなしさ」が残る。このことを考えさせる授業である。

初めに、生徒に自分の行動をふりかえる時間をじゅうぶんにおいて、洗いざらいに今の現状を見つめさせる。それから資料による学びへと進む。最後に資料として、被害者の父親のコメント文を使った。

※『中学校編とっておきの道徳授業Ⅳ』桃﨑剛寿・編著（日本標準）六七ページ参照。

過程	時間の目安	大まかな学習内容例
展開1	二〇分	①「ありがとう」この言葉は好きですか。 ②「ありがとう」と今言うとすれば、だれに言いたいですか。「自分のいちばん大事な人」を一人書いてみよう。 ③「ごめんなさい」この言葉は好きですか。 ④「ごめんなさい」と言って、済むかもしれない例、つまり、後で取り返しがつくことは何がありますか。 ⑤済まない例、決して取り返しがつかない例にはどんなことがあるでしょう。
展開2	二〇分	・〈資料〉S市児童殺傷事件のあらまし

終末	一〇分	⑥加害者はこれからどうなりますか。 ⑦加害者の家族はどうなりますか。 ⑧被害者の家族はどうなりますか。 ・〈資料〉被害者の父親のコメント文（かけがえのないわが子への大きな愛、わが子を失ったときの大きな苦しみが綴られており、自分を見失っている様子が伝わる文章） ⑨この授業を受けて考えたことを書く。

③課題認知型の道徳授業

中学生になるといずれ自分が歩み始める社会へ目を向けるようになる。なかには卒業後すぐに職場へと進む生徒もいる。その社会にはさまざまな課題が山積みされ、人々は解決する方法を常に模索している。その社会的課題を主体的に考え、判断、解決する人間になるためにも、その心構えを築くような道徳の授業が中学生には必要である。

「課題認知型の道徳授業」とは、現代社会や身の回りのさまざまな課題を知り、それに対峙する心構えを育てる授業である。一時間の授業では、その課題解決には至らないが、課題を認知し課題を追究していく心構えを育てることができる。

総合的な学習の時間の例で挙げられた国際理解、環境、福祉など従来の教科をまたがるような課題を取り上げることもある。社会科や理科、総合的な学習の時間などと授業展開が似ている面もあるが、人の内面にふれた資料を用い、その課題と自分との関わりを考えさせていく。一時間授業の場合は、与える情報が時間に比して多くなる傾向があるので、資料の選別が重要である。また、数時間の道徳の授業とほかの学習をセットに行う単元型も可能である。

●展開の大枠例

過程	時間の目安	大まかな学習内容例
導入	五分	〈自己〉「課題」への身の回りのことからの導入
展開1	二〇分	〈自己〉「課題」について、意識や取り組みをふりかえる
展開2	二〇分	〈資料〉資料の中の価値にふれる
終末	五分	〈自己〉価値の自覚　or　〈資料〉他のエピソード

●実践例「医療に携わるということ」※

北海道の霧多布《きりたっぷ》の辺地医療に生きた道下俊一医師。札幌での開業医の夢を持ちながらも、辺地医療に力を注いでいく。彼を霧多布の地にとどまらせるのは「人とのつながり」だった。辺地医療の課題の中で、「人とのつながり」とは何かを学ぶ授業である。

一つの社会問題を生徒なりにじゅうぶん考えさせた後に、「人のために尽くす」ことのすばらしさにふれさせる授業である。展開前半では課題に対して自分なりにしっかり考えさせてその難しさを実感した後に、展開後半で資料の中に価値を追究するものである。

※『**中学校編とっておきの道徳授業Ⅲ**』桃﨑剛寿・編著（日本標準）九五ページ参照。

過程	時間の目安	大まかな学習内容例
導入	五分	①人はどんな理由で医者を目指すのでしょう。
展開1	二〇分	②都会で働く医師と、地方で働く医師のどちらにあこがれますか。 ③なぜ地方の病院へ行かないのでしょうか。 ④どうすれば、この問題が解決できるでしょうか。
展開2	二〇分	・〈資料〉道下氏が踏みとどまるまでのストーリー ⑤道下氏は夢を大切にしない人でしょうか。
終末	五分	・〈資料〉道下氏の元助手の漫画家としての成功話（レントゲン撮影助手の加藤氏は漫画家の夢を持っていたので、道下氏の勧めもあり上京した。その加藤氏は『ルパン三世』で有名な漫画家モンキー・パンチ氏である）

④心温め型の道徳授業

思春期まっただ中の中学生。時には人を信じられなくなったり、社会を疎ましく思ったりすることもあろう。そんなときに心を癒してくれる人がいる、認めてくれる人がいる、温かさを感じさせてくれる人がいる……。それと同じ効果がある、癒しのある道徳の授業である。

「心温め型の道徳授業」とは、フィクション、ノンフィクションにかかわらず、エッセイや小説、映像、絵本などすてきな資料に心をゆだねながら、生徒の心に癒しや安らぎを与えるタイプを総括したものである。授業のねらいに向けて授業者がぐいぐい引っ張るのではない。じーんとしたりほっとする場や、自尊感情を高める過程、自己カウンセリング的な過程がある。そのようなヒーリング効果が高い道徳の時間である。授業を終えたときに、生徒が「自分の生活をふりかえって、こういうことに気づいた」とはっきり明言しにくい。説明しにくいが何か温かいほんわかした気持ちになれる授業である。

●展開の大枠例

過程	時間の目安	大まかな学習内容例
導入	五分	〈自己〉資料への導入
展開	三五分	〈資料〉「大切なこと」を含む複数のエピソード
終末	一〇分	〈自己〉価値の自覚・学び合い　or　〈資料〉他のエピソード

●実践例「あなたがいる幸せ　時をこえて」※

「フォトコンテスト」に応募された写真を音楽とともに構成したＣＭがある。宮参りのときにひ孫を抱いたひいおばあちゃんの写真など、心温まる写真で構成されており、感謝の気持ちや喜びがほんのりと伝わってくる。この資料を使用し、生徒たちが、家族をはじめとする温かい人間の関わり合いの中で生きてきたことを再確認し、人と人との関わり合いが「生きる喜び」につながることを感じてほしいという願いを込めた授業である。

※**『中学校編とっておきの道徳授業Ⅳ』**桃崎剛寿・編著（日本標準）一三九ページ参照。緒方茂氏（長崎県中学校教諭）の実践。

過程	時間の目安	大まかな学習内容例
導入	五分	心温まる写真を一枚提示し、タイトルを考えさせる。そして「MY HAPPINESS フォトコンテスト」で示されているような幸せいっぱいの写真を六枚提示する。
展開	三五分	①次の写真にタイトルをつけてみましょう。 ②これらの写真に共通していることは何でしょうか。 ③この写真からどんなことに気づきますか。 ④(宮参りの写真を提示して)この宮参りの写真からどんな「幸せ」を感じますか。 ・〈資料〉「MY HAPPINESS フォトコンテスト」入選作品で構成された動画資料(明治安田生命のホームページより) ⑤では、君たちの「幸せなとき」ってどんなときでしょうか。
終末	一〇分	一緒に幸せを感じた人に手紙を書いてみましょう。

3 「地獄の発問」ではなく、「夢中になってしまう発問」を

第1章で、中学校「道徳の時間」の課題として、授業での発問・指示・説明などの指導言が生徒を真剣に学ばせるものなのか、を挙げた。

中学校「道徳の時間」課題 3
その発問・指示・説明で生徒は真剣になれるのか

授業構成を考えた後、それを具現化するために教師による生徒への発問・指示・説明を考えなければならない。ここでは、その中の「発問」を中心に論じる。中学生が建て前で答えるのではなく、「思わず本気になって考えてしまう」発問となる鍵を探る。

指示については、後に、「7生徒を動かす六つの基本技術」（一〇二ページ）にてふれる。また、説明については、後に、「簡単で効果的な板書を」（一〇八ページ）や「8ICTの活用は常識である」（一一一ページ）にてふれる。

イチローがメジャーリーグのオールスター戦でランニングホームランを放ち、MVPを受賞したときのことだ。気をよくしている彼を日本人記者たちが待ち受けていた。その中で次のよ

うな質問があった。

「次の夢は何ですか」

イチローにとって、なんとも陳腐な質問に聞こえたのであろう。イチローは笑いながら「普通ならパス！って言いたい……」と答えた。

記者は「夢と感動を与える……」などと答えてほしかったのだろうか。イチローの「自分の気持ちや感情を発したい」という気持ちをさえぎってしまう質問であった。

私たちの道徳の授業でも、そのような発問をしていないか。

ある教員養成課程を持つ国立大学の教授から、次のような話をうかがったことがある。

学生に自分の受けてきた「道徳の時間」の感想を書かせたところ、次のような感想があったそうだ。

「好きな担任だったけど、『道徳の時間』だけは許せなかった。あんなにしらじらしい問いにはだれも答えたくなかった。それでも先生のために手を挙げて、胸が張り裂けそうな気持ちになりながら、先生のねらっている答えを答えていった」

道徳の授業における教師の発問は、ときには中学生に苦痛を与える。まさに「地獄の発問」である。このことを中学校教師はおおいに警戒してかかるべきであろう。

発問を、生徒が夢中になる発問に変えることが大切である。そのツボを押さえるのである。

盲導犬訓練士の多和田悟さんは、「犬は仕事をしているとき、どういう気持ちなんですか」とたずねられて、「犬はゲームをやっているような気持ちです」と答えている。盲導犬は「障害物はないかな」というように楽しんでいるのだと。この発想は発問のとらえ方におおいに参考になる。

教師の考えている土俵に引きずり込むような発問ではなく、生徒が夢中になるような発問の中で、教師のねらいを達成していくという考えである。

道徳の授業は、「○○はどんな気持ちだろう」のように、共感的な価値の追究をねらって、資料の中の登場人物の気持ちを問う発問が中心である場合が多い。これが小学一年生から中学三年生まで同じように行われているのである。「人の気持ち」を、きわめて限られた「資料」という媒体を通して理解する、などということは本来できないのではないか。気持ちは、本人に聞かなければわからない。しかも、本人だってわからないことが多いのだ。できることは、教師の意図や授業の流れから推測することくらいである。しかも「○○はどんな気持ちだろう」と問われたとき、「主人公の○○さんに、こんな気持ちを持ってほしい」という生徒の「願い」を答えればよいのか、「○○さんは、こんな気持ちを持つべきだ」という生徒の感じた「モラル」を答えればよいのか、「資料の流れから○○さんはこんな気持ちを持っただろう」「先生が聞くのだからこういうことではないか」と「推測」して答えればよいのかなど、答え方もさまざまである。

また、気持ちを説明するには、生徒の語彙《ごい》力では、まだ、言葉が不足する。「筆舌に尽くしがたい」という言葉があるくらいである。

それでは、気持ちを問う以外に、何を問うのか。それは生徒同士で「考え合うことができる」

ことを問うのである。この当たり前のことが、生徒の立場に立った、生徒が夢中になって考えることができるようになるための視点である。それでは「考え合うことができる」発問とは何かを挙げてみよう。

【発問の鉄則1】事実を問う

「○○さんは、そこでなんと語ったでしょう」とか、「○○さんは、そこでどんな行動を取ったでしょう」という発問である。

ノンフィクション資料を扱ったときは、発言や行動は事実である。資料の中の人物の気持ちの読み取りではない。事実をもとに考え合うことができるので、より確かな考えが出やすくなる。さらに「なぜそう思ったのですか」と理由を聞くと、資料からより大切なことを導けるかもしれない。

また、この発問は、資料のポイントになるところとの出会いの演出でもある。教訓を含めた、感動的な言葉や行動との出会いを演出する効果がある。

【発問の鉄則2】感想や「観」を問う

感想を問う発問「○○さんのことをどう思いますか」とか、「観」を問う発問「○○さんはどうすべきでしょう」という発問である。

自分がどう思うかを答えるのだから、その根拠には、その生徒の人生観が表れる。もちろん生徒の生活体験の裏付けが多くある。どうしてそう考えたのかをたずね返すと、そこには経験が表れることが多い。また、ほかの人の発表から、いろいろな考えを知ることができる。そうすることで自分の考えも相対的に知ることとできる。

【発問の鉄則3】全員授業参加を促す

「賛成ですか、反対ですか」というように、二択発問を行う。二択発問は、「Aか、Bか」ではなく、「Aか、Aでないか」というたずね方が望ましい。どちらかに決められるからである。これが「Aか、Bか」であれば、「ほかのC」という発想ができるような授業展開にしなければならないであろう。

資料の中の、ある人の行為や行動に対して、生徒に賛成か反対かを決めさせるのである。決めるのが難しくても、仮の意見として決めさせる。どちらかを決めるわけだから、生徒はいいかげんな態度で授業に参加できなくなる。

「賛成か反対かでは、道徳的な価値を追究できない」と言う人がいるが、なぜそう考えたかを発表させたり、理由などで意図的指名をしたり、生徒の意見をつないだりすることでグンと深まる。友だちの意見から自分の意見を変えるような場面も出てくるのである。

4 吸い込まれるような「導入の発問」三つの鉄則

導入での発問にも鉄則がある。そしてその発問に工夫ができる。

【導入の鉄則1】ねらいが見抜かれない

導入での発問は、資料で考えさせたい方向へ誘う発問か、資料への導入としての発問であろう。後者のほうが、興味関心や意欲を高める効果がある。前者のほうは、生徒の考える方向があらかじめ教師の考えていたねらいと大きく乖離しないというメリットがある反面、暗に「今日はこのことについて考えるのだよ」という先導が含まれてしまう。たとえば、導入が「途中であきらめた経験はありませんか」という発問やアンケート結果の紹介で始まれば、最後の感想には「最後まであきらめないでやり抜くことの大切さを学んだ。生活に生かしていきたい」と書けばよいなと「見切られて」しまう。このように授業の流れも推測されがちで、一挙に興味関心が減じてしまう。そのために、資料を冷静に読めなくなる場合がある。大切なことや価値あることにふれても、とらえ方が鈍くなったり、気づかなかったりする。

中学生だから、興味関心を失ってしまうと、本来の力を発揮することができない。しかもしょっぱなの導入で興味関心を失ってしまうと、あとは退屈な消化時間になってしまいかねない。

△「バスで席を譲ったことがありますか」
↓「この授業は〝思いやりの授業〟だ」と思われてしまう。
○「この写真から気づくことを挙げてみよう」
↓すぐにはねらいを悟られず、「何だろう」と思い、資料を注視する。徳目を表す言葉が頭に残るのでなく、写真が表している事実が頭に残るので、そのことについて考えようとする状態が継続される。

【導入の鉄則2】楽しいムードをつくる

マイナスイメージで授業が始まると、なんとも重苦しい授業になることがある。生徒からすると、後で出てくる資料も、「生活指導の一環」のように思えてしまうであろう。学習の雰囲気づくりのためにも、それは避けたい。

△「途中であきらめてやめてしまったことはありますか」
↓自分のネガティブな体験を想起するうえ、「今日の授業は〝努力の授業〟だ」と見抜かれてしまう。

○「この歌を知っていますか」
↓映像や音響から入り、五官に訴えることで楽しい雰囲気を演出する。
○「この人はだれでしょう」
↓ゲーム形式で答えられる。しかも自分のことではないので気軽である。

しかし、楽しいムードをつくろうとして、フィクション資料なのに実物を持ってくると、生徒の思考に混乱を招きかねないことがある。

たとえば、イソップ物語「アリとキリギリス」を用いた道徳の授業を考えるとする。そのとき、アリやキリギリスの実物を見せたりすると、資料から導かれるイマジネーションが落ちてしまうこともある。

【導入の鉄則3】後で変容を見るための導入

授業の前と後で生徒の変容を見るため、導入と終末で同じ発問を行う。板書に残し、比較することで、授業を通して深まった考えを確認できる。

○「天才とはどんな意味でしょう」
↓どんな人のことを学ぶのか興味がわく。導入時では技能面での発言が多いだろうが、終末で問うと、精神面に言及するようになる。

△「努力とはどんな意味でしょう」

↓ねらいに直接関わる言葉を考えさせると、**【導入の鉄則1】**の理由でよくない。

○「次のようなとき、仕事を辞めたくなると思いますか」

①才能がないと言われる　②家の事情で仕事を続けるのが難しくなった

③向いていない仕事だと思った

↓このあと、授業で扱う資料が、

「①才能がないと言われ、辞めようとしたエピソード」

「②家の事情で辞めようとしたエピソード」

そして終末の説話で、「③向いていない仕事はないというエピソード」を紹介する。

導入の発問とすべて対応している。

5 変化に富んだ「自分を見つめさせる発問」四つの奥義

「道徳の時間」は、「道徳的価値の自覚化」の時間である。しかし、直接「自分をふりかえってみよう」という発問は、資料と現実の差が大きいほど生徒のモチベーションを落としてしまう。せっかくの大切な「道徳の時間」が効果を失うことがある。

自己の見つめさせ方は多様にある。

自己を見つめさせる時間は、授業の後半とは限らない。

以下、自分を見つめさせる発問の奥義を四つ紹介しよう。

【奥義1】授業の前半に問うたことを見つめさせる

その授業時間内には明快な結論が出ないような、解決しがたい面もあるが、ぜひ考えさせたい社会的課題などを資料に扱う場合、資料に入る前に生徒にしっかりと自分自身がどういう取り組みをしてきたか、どういう考えかを主張させておく。

じゅうぶんに今の自分の知識で考えられることを考えさせたうえで、資料からの学びを行う。そして資料から学んだことを通して、授業のはじめで考えた自分をふりかえる。

たとえば、

「（授業の導入のとき）○○と考えていた自分は、どんなところがしっかりしていましたか」

とか、

「○○と考えていた自分は、どんなところが考えが足りなかったですか」

という発問である。資料を通して高められた視点から自分が見えてくるのである。

【奥義2】生徒の発言の根拠をたずね、見つめさせる

授業の中盤、生徒の発言の根拠をたずねていく。すると生活体験が結びついている場合がある。そのことを取り上げて広げていくことで、自分のことを考えさせることができる。

たとえば、「母の小遣い」（前出）の授業。「こういうたけしさんのお母さんは好きですか」という発問に対して、生徒が「好きではない」と答えたとする。その生徒に、「どうして」と問う。すると「好きなことをさせてくれないから」と答えたとする。再度「そういうことがあなたにもあったの？」と問い返すと、「時々、勉強しなさいと言われて見たいテレビが制限されることがある」などと答える。生活体験が想起されるのである。そこで、「好きなことをさせてくれないことと重なったんだね。自分もそういうことがあると考えたという人はいませんか」と、ほかの生徒に広げていくのである。するとほかの生徒も「自分の家族の場合はどうかなあ」と、自分のことを考えるであろう。

一方、それにかける時間や回数については、資料への集中がとぎれたり、考えていく対象が資料の内容なのか、自分の体験なのかが混乱することがあるので、留意が必要である。

【奥義3】周囲を含めて問う

資料の中に見いだした大切なことが、生徒のレベルからは崇高すぎる場合がある。それをそのまま自分と重ね合わせようにも、イメージするのが難しい場合がある。しかし、今の自分にはほど遠くても、もしかしたら友だちが、先輩が、または年上の人でそれを実践できている人がいるかもしれない。身近な人のことを考える中で、自分はどうだったかなと、距離を縮めてふりかえることができる。

たとえば、

「自分の周りにそんな人はいませんか」

という発問である。

後に述べるが、フィクション資料を主資料とした授業の場合、終末でノンフィクション資料を出す場合がある。これも遠い作り話の世界で終わるのでなく、身近に実在する例を示すことで、「自分にもできるかもしれない」という可能性を認識させる方法である。

【奥義4】「未来の自分」を含めて問う

「今の自分は……?」とたずねられると、やや自信がない。あまり直視したくない、という気持ちが生徒にもあるのではないか。たとえば、われわれが健康診断で、医者から診察結果を告げられるときも、現実のデータを正確に見つめると……辛い！　でも、「これから努力して○○すると、○○なりますよ」と未来のこととして考えるように促されると、前向きになれる。

これからの自分を考えるときは、当然今の自分をベースにして考えるので、そこで生徒は、「自己を見つめる」活動をしているはずである。そしてそれを踏まえたうえで、実践する意欲へつなげる発問である。

たとえば、

「どんなところに取り入れていけそうな考えでしたか」

とか、

「そんなに大きいことでなくてもよい、自分にもできそうなことはなかったですか」

とか、

「そんなことができると、どんな自分になれそうですか」

という発問である。

6 すとんと落ちる「終末の在り方」三つの奥義

終末の学習活動は、その授業に応じて、教師の体験談や格言以外のバリエーションも必要である。

【終末の奥義1】新たな資料を加える

自己のふりかえりが進んで、自分のことをしっかり考えている終末、その開かれた自分をさらに高める活動がほしい。教師の説話や格言などでまとめる場合もあるが、ここで主資料に負けない魅力ある資料、しかも主資料と関連のある資料を準備できるとよい。ここをおろそかにすると、最後にがくっと崩れてしまいかねない。

主資料がノンフィクションの場合、フィクション資料で余韻を残す方法がある。また、昔話やおとぎ話を絵本や紙芝居などを用いて授業を行いたいが、観念的であるがゆえに主資料にはなりえない場合がある。そのようなときには、現実問題をしっかり考えさせた展開の後に、そのフィクション資料を終末で示す方法がある。その際の終末の時間は一〇分から一五分取る場合もあろう。

たとえば、『経産省の山田課長補佐、ただいま育休中』(前出)を用いた授業である。育児休暇の一年間で成長する赤ちゃんの姿と親の考えに生命のすばらしさを学ぶ授業である。育児の実際を具体的に知ったうえで、終末に絵本『ラヴ・ユー・フォーエバー』[※1]を読み聞かせする。親の愛を伝えることができるし、受け継いでいく生命観を感じることができる資料である。

また、ノンフィクション資料で高める方法もある。主資料がフィクションの場合、実生活との距離があるので何となくぼんやりとしか心に届かないことがある。そこでラストにノンフィクション資料を示すことで現実感を持たせる。

たとえば、マンガ『ヤング島耕作 主任編1』[※2]を資料に使った道徳授業「新入社員」である。アメリカ流のやり方を貫く新入社員が自らの失敗を機に変容する姿から、チームワークのよさ、周りと協調することの大切さを学ぶ授業である。終末にホテルのレストランのパティシエの「菓子作りもチームワーク」という特集記事を取り上げることで、現実感を感じとらせる。

また、授業のねらいに関係する歌を取り上げ、教師が歌ったりCDやMDを聴かせたりすることもできる。歌の持つメッセージ性を利用するのである。プリントやプロジェクターで歌詞を提示することで効果は高まる。

※1『ラヴ・ユー・フォーエバー』ロバート・マンチ・作／乃木りか・訳／梅田俊作・絵（岩崎書店）

※2『ヤング島耕作 主任編1』弘兼憲史・作（イブニングKC・講談社）

【終末の奥義2】TT（ティームティーチング）やゲストティーチャーによるまとめ

校長や教頭の「道徳の時間」へのTT参加が奨励されている。「道徳の時間」を管理職自身が大切にする学校づくりを目指すことにもつながるので、おおいに協力してもらうとよい。問題はどんな授業をするのか、である。学校の責任者としての話もよいが、その先生自身の特長を生かしたり、豊富な教師生活の中で得たことなどを話してもらったほうがよい。または、自分が関わってきた生徒について語ってもらうのも効果的である。

校長とのティームティーチングの実践例を挙げる。

自分のよさを伸ばしていこうという意欲を育てる授業として、さくらももこさんの『ひとり[※1]ずもう』を活用した授業を行った。[※2]この授業は栃木県の田中利幸先生が開発した授業である。終末で校長に、かつて自分の受け持った生徒の話をしていただいた。

「みんなも知っている『くりぃむしちゅー』の有田哲平さん。彼が中学生のとき、私は担任をしていました」と切り出し、中学校時代からあったサービス精神旺盛な性格と今の仕事との結び付きを説明してくださった。生徒と資料の距離を縮めることのできる説話であった。

教頭とのティームティーチングの実践例を挙げる。

私と教頭は夏目雅子さんのファンで、その話題で盛り上がる関係であった。[※3]夏目雅子さんで授業をつくった話を教頭にするとさっそく意気投合し、ティームティーチングが決定した。その当時は『冬のソナタ』が大流行し、女優チェ・ジウさんがとても人気が出たときであった。教頭は、終末に「チェ・ジウさんの輝きに負けない日本の女優を挙げろと言われたら夏目雅子さんでしょう」と、その偉大さを補足された。教頭の「ファンとして」の熱い語りに夏目さんの輝きが生徒に伝わったようであった。

また、地域の方や保護者にゲストティーチャーとしてご協力いただき、終末にお話をうかがう実践例がある。しかし、終末の短時間の活用だけでは、なんともったいない。それよりも、

※1 『ひとりずもう』さくらももこ・絵と文（小学館）

※2 『中学校編とっておきの道徳授業Ⅴ』桃﨑剛寿・編著（日本標準）九ページ参照。

※3 『中学校編とっておきの道徳授業Ⅳ』桃﨑剛寿・編著（日本標準）一二七ページ参照。

取材に赴きビデオ撮影し編集し、主資料として使うか、または授業の主展開の中で語っていただいたり、質問に答えていただいたりする展開にしたほうが効果的であると思われる。

【終末の奥義3】生徒に授業の感想を求める

授業の最後に、感想を書く活動を取り入れることがある。

本時のねらいの達成などの授業評価になり、次年度の年間指導計画の編成にも役に立つ。生徒にとっては自己評価の場にもなる。

書いた感想を使っての学習活動は多彩である。次のような展開例がある。

例1　指名し、代表に読ませる。
例2　四人から六人の班を作る。班の中で感想文を交換し合い、ほかの人がどのような感想を持ったのかを知る。自分の書いたことを見てもらうことで相互理解も深まる。さらに、班の中の代表が発表する方法も考えられる。
例3　感想文をそれぞれ持たせ、自由に交換し合い、ほかの人がどのような感想を持ったかを知る。
例4　感想文を集めた後、教師が紹介したい感想を読み上げる。
例5　時間がなければ、感想文を集めた後、了解を得たうえで学級通信などで紹介する。

また、生徒の感想にもレベルがある。たとえば、次のように進んでいくこともある。

A	楽しかった	例「マンガを使った授業だったから楽しかった」「発表ができて楽しかった」
B	ためになった	例「〇〇さんの言葉はとてもためになった」
C	何がためになったか	例「〇〇さんの『周りのことも考えなくてはいけない』という言葉がためになった」
D	これから何について学びたいかまで気づく	例「よいヒントを得た。優しさをどんな行動で示すとよいのか学んでいきたい」
E	こんなふうに生きていきたい	例「優しくできることの意味が具体的にわかった。だれに対してもそういう行動ができる人になりたい」

生徒の感想がどのレベルにあるかで、生徒の心の育ちが評価できる。

7 生徒を動かす六つの基本技術

第1章で、中学校「道徳の時間」の課題として、「道徳の時間」にはどのような学習活動が適切か、どのような学び合いが必要なのか、を挙げた。

中学校「道徳の時間」課題 4 生徒を動かす教育技術を適切に使えるか

本項では、中学生を動かす技術や板書について述べる。これは、中学教師の苦手なところである。しかし、一回マスターしたら簡単にできる手法であるので、ぜひ道徳の授業でも活用してほしい。

道徳の授業のみならず、授業において生徒を動かす技術があると、授業が活性化し、価値の追究もより深まる。そのために、教師は「教える」という授業観から、「生徒が自分のものにしていく」という授業観への転換が必要である。生徒は、説明を聞くだけではなかなか心に残らないが、活動が入ったり、話し合ったり、教え合ったりすると、非常に心に残りやすい。自分が主体になって判断したりまとめたりするので、「大勢の中の一人」ではなく、「重要な一人」

になるからである。学習活動の中で、いかに一人の学習者として責任感を持たせるか、が大切である。

【動かす技術1】グループ学習の取り入れ

隣同士の二人から、六人くらいまでの構成でのグループ学習は有効である。書いたことを回覧したり、意見を発表し合ったりする。お互いに支持的ムードになるように「あいづち」や「言葉での同意」を行うように指示をする。

一斉指導は〈教師↔生徒〉の関係になるが、グループ学習によって、多角的な関係になり変化に富み、思考が活性化される。しかし、生徒は人の意見に左右されて自分の考えを持ちにくいという点がある。そのため、あらかじめじっくり考えさせたり、書かせる活動をした後にグループを作るなど、配慮が必要である。

なお、このような活動をさせるとき、教師は一休みの時間としてはならない。以下のようなことをする。

①指示が理解できているか、評価し、必要に応じて指導する。
②活性化していない班があれば、支援する。
③活性化していない生徒がいれば、グループの中で支援するよう指導する。
④課題を終えようとするグループには、新たな視点を与えたり、次の課題を与えたりする。
⑤グループごとの発表の計画を立てる。

⑥グループを解体してからの指導計画を練り直す。

【動かす技術2】全員発表着席

全員に起立をさせる。そして一人ずつ発表させ、同じ意見だったら着席させるという方法である。全員の意見を出させたいが、生徒の挙手による発表ではすべて出るのに時間がかかる……というときに有効な手法である。教師がリードするので、横道にそれる可能性は少ない。どの意見が多かったかを把握しやすい。また、全員参加の授業ができ、日ごろ発表が上手でない生徒も練習の場になる。

【動かす技術3】自由移動してのワークシート交換サイン

「ワークシートが書けましたか。席を立って、自由に何人かの人に自分が書いた感想を見せてください。そしてサインをしてもらいましょう」と指示をする。これは「書いたことを、だれにでも見せたいとは思わない。気心が知れた人とならば交流できる。書いたことを知ってもらいたい」という場合に有効である。生徒には自分が書いたことをほかの人にも話してみたいという気持ちがあるであろう。また、聞いてもらえることで自分が認められたという感情が生じる。

一方、学級内の人間関係がうまくいっていない場合は配慮を要する。自由に移動できない生徒が出てくる場合がある。その生徒が周りから受け入れられていないのではなく、主体性が不足して参加できていないのならば、近くによって支援すればよい。受け入れられていないのであれば、指導をしなければならない。その場合、深澤久氏の指導技術である「自分で考えさせる」手法はきわめて有効である。その手法を用いた一つの指導例を示す。

① （交流できない生徒がいたら）「いったん席に着きなさい」
② 「皆さんの活動を見ていて、一つ気になることがあります。それは何でしょう」

> 生徒の発表と、教師の評価が続く。いずれ生徒から「参加できていない人を大勢の人が巻き込もうとしていない」という意見が出るであろう。

③ 「そうです。関わっていない人を無視しています」
④ 「もう一度、そのことを意識してこの活動をやってみましょう」

このような指導が繰り返しされることで、立場が弱い生徒にも学級に所属することへの安心感が育つ。そして受け入れる行動がとれた生徒はほめることができる。

【動かす技術4】ネームカードの活用

自分の名前や出席番号を書いたカード（マグネットシート）を生徒全員に準備して、あらかじめ渡しておく。

たとえば、「そういう強い気持ちを持つことをみなさんはどう思いますか」と問い、図3－1Aのような表の中にネームカードを貼らせる。

さらに「実際そういう行動をとれますか」と問い、行動の程度を表す欄を下に付け加え、それぞれの区分であてはまるところにネームカードを移させる（図3－1B）。

すると、「気持ちはわかるがなかなか行動まではできない」という立場の生徒が発見でき、本音に迫れる。ゆえに、意見が分散されやすいような発問が望ましい。善悪を問うようなものだと、一か所や片方に集中しやすい。

①初めの発問「どう思うか」について、それぞれの生徒を表の中に位置付ける

図3－1A

とてもわかる	だいたいわかる	あまりわからない	まったくわからない
ABCDEFG	HIJKLMN	OPQRSTU	VWXYZ

②次の発問「どう行動するか」の欄を下に作り、行動に結び付く程度を表現させる

図3－1B

	とてもわかる	だいたいわかる	あまりわからない	まったくわからない
絶対そうする	ABC	HI		
たぶんそうする	DE	JKL	OPQ	VW
たぶんしない	F	MN	RST	XY
絶対しない	G		U	Z

【動かす技術5】カードで学びの交流

資料によってはいろいろな価値が含まれるものがある。ある人の生き方から学ぶ道徳の授業などは特にその傾向がある。生徒それぞれの生活体験が異なるのだから、そこから受けとめることが、一人一人異なってくるのも当然である。一つの価値項目に押し込もうとすることは理不尽である。

そこで、授業の終末に次のような展開をすると、一人一人のとらえ方を大切にしたまとめができる。

画用紙を縦に置き、横にはさみを入れて四等分する（図3―2）。そのカードを一枚ずつあらかじめ配っておく。

授業の終末に「今日の授業から何を学んだか、キーワードで表してみましょう。それをカードになるべく太いペンで書きなさい」と指示をする。

そしてそのカードを持たせ起立させる。なるべく広いスペースを作り、「自分のカードが相手に見えやすいようにしましょう。そして同じような考えの人同士でグループを組んでください」と指示をする。すると、いくつかのグループに分かれる。

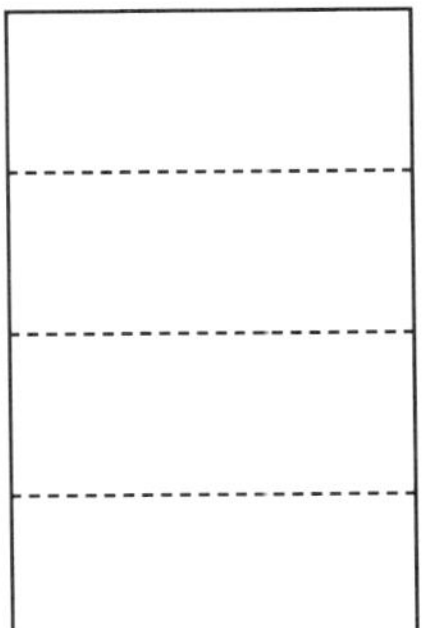

図3―2

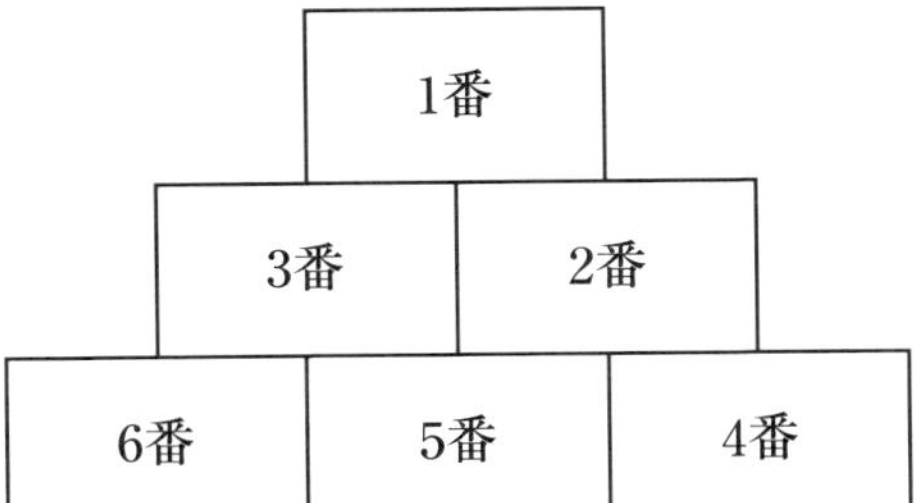

図3―3

「それでは自分がなぜそのキーワードにしたかをグループ内で紹介しましょう」と指示をする。そこで生徒同士の交流が生まれる。そして、各グループの代表に自分のカードを黒板に貼るように指示をする。その際、いちばん多かった意見を上にして、図3-3のような順で代表のカードを黒板に貼らせるようにする。

何をこの授業から感じとったか、ほかの人がどう考えたか、どんな意見が多かったかを知ることで、それぞれの生徒の自覚がより深まるであろう。

活動を終え着席させた後に、「今日の道徳の時間で学んだことで、自分の中に取り入れられそうなことを書いてみよう」と発問をして、カードの裏に書かせることもできる。

【動かす技術6】簡単で効果的な板書を

研究授業で、劇場のように黒板を活用して登場人物の気持ちなどを表現する板書を見たことがある。

たとえば、心情曲線と称して、「こう受けとめるんだよ」という「主人公の心情の説明」が教師によってなされる。すべての発問が紙に書いてあり、順に貼っていく。さらには、発表の内容まで準備され、それを貼っていく。こういう板書であれば、授業が誘導的になりかねないし、なによりも生徒が「なんだ、先生が考えたとおりに進めるんだな」と思うのではないか。

教師が板書することに負担を感じることなく、生徒に向き合って授業ができるようにするため、次のようなことを心がけて板書をするとよい。

●整理しながら板書する

生徒の考えをグループ分けや順位を付けながら整理をすることで、わかりやすい板書になる。たとえば図3－4の「2　宝物」で示したのは、「その国の子どもたちにとって宝物は何でしょう」に対する生徒の発表を板書したものである。家族と友人、命と希望と笑顔、金と家、食べ物と水、武器のグループ分けを行いながら板書する。そして「どんなグループかな」と問いかけながらチョークで囲む。内容項目の視点で整理することもある。

さらに、各グループの中で重要度の順位付けをさせ、順位を板書する展開も可能である。「彼らにとって大切なもの」（＝私たち人間にとって大切なもの）の見直しを深めることができる。

●変容を数値で示す

生徒の考えやその変化を板書で表すことにより、生徒が向上的変容を自覚でき、授業の充実度が増す。たとえば、授業開始直後と終わりに同じ発問をし、それぞれを選択した生徒の数の変化を示す。行動へと進む心を一時間の授業で育てることができたかの、授業の評価も兼ねることができる。

図3－4の「1」で示したのは、「その国の子どもたちにあな

図3－4

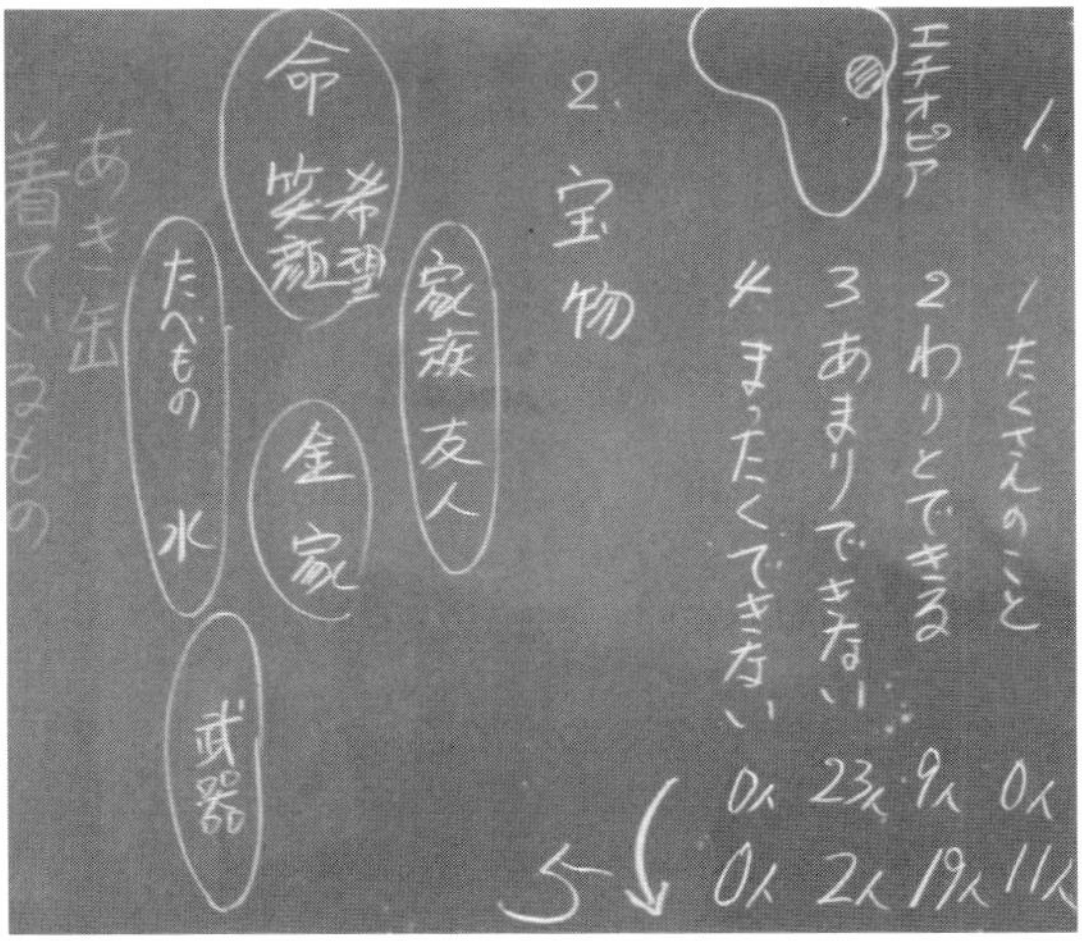

たができることはありますか」という問いに対して、生徒が「たくさんできる、わりとできる、あまりできない、まったくできない」のどれを選ぶか、その変化を見たものである。

ほかにも、ある発問に対して賛成か反対かを表す場合に、黒板の数直線上に生徒のネームプレートを置く方法がある。生徒の思いの強さ弱さも表現することができる。また、授業を進める中でネームプレートの位置を変えることで、生徒の考えの変容も表現できる。

●キーワード発表&マッピング方式

いくつかの考えを生徒から出させたいときに、ワークシートに全部書かせた後に一人ずつ発表させ、それを教師が板書していく様子をよく見る。思考が活性化しないし、時間の無駄を感じる。そこで「キーワード発表&マッピング方式」という方法を紹介する。

机間指導の際に、「この生徒のこの視点を紹介したい」と思ったとする。そのとき、生徒のワークシートに書かれた文面の中の「キーワード」を赤でマル囲みし、板書するよう指示する。その間教師はどんどん机間指導を進め、板書させる。そして机間指導後、そのキーワードについて生徒に語らせる。文面では表しにくいことを補足することもできる。教師はそのキーワードにマッピングのように付け加えていく(図3-5)。

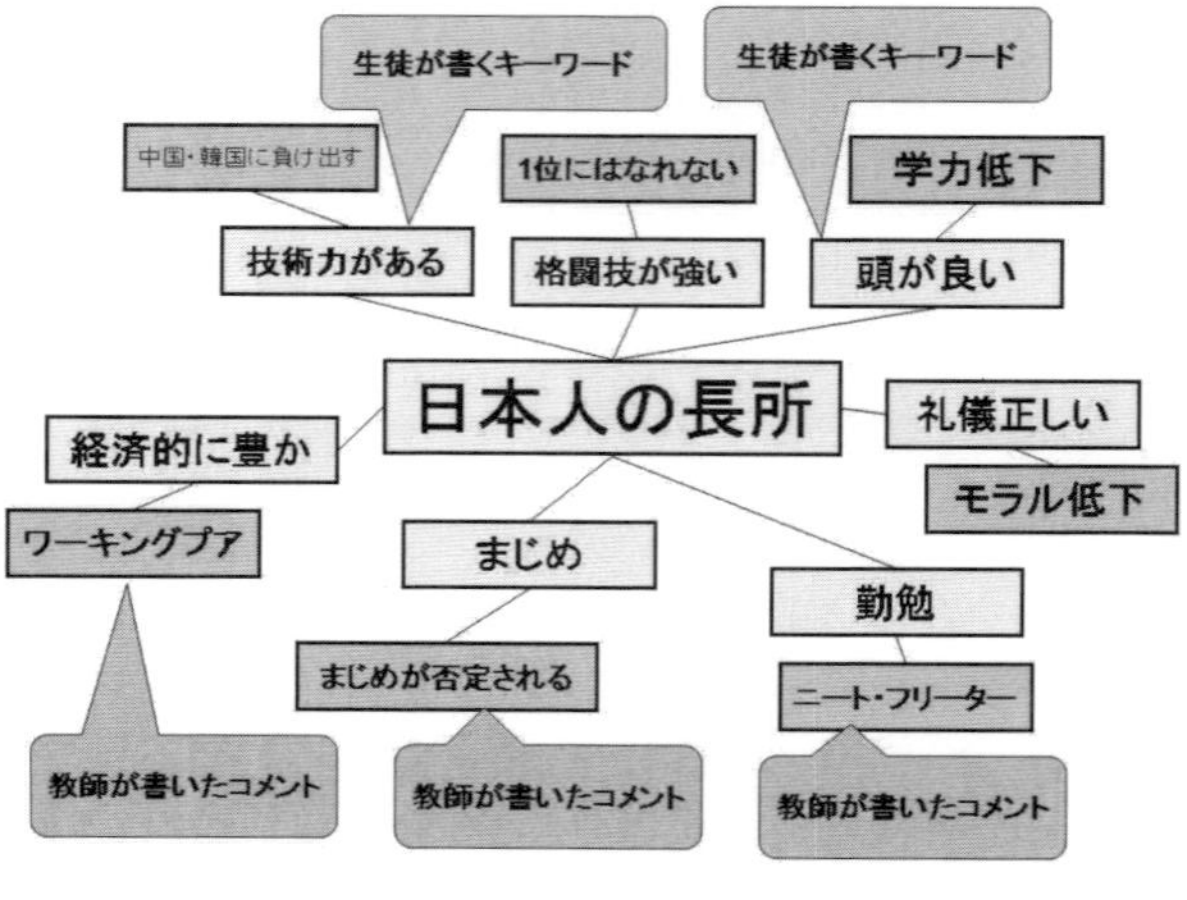

図3-5(注:見やすく提示するため、板書をパワーポイントで整理し直した)

8 ＩＣＴの活用は常識である

ＩＣＴを活用することで、生徒の関心を高め、思考を活性化させることができる。
活用の場面は、

道徳授業での活用　道徳授業づくりでの活用　道徳研究会での活用

の三場面がある。

私にとっては道徳の授業に欠かせないＩＣＴである。

【ＩＣＴ活用１】動画や画像の表示

ＩＣＴ機器を使って画像や動画を大きく表示できることは、生徒にとっても資料の理解がしやすく、興味関心を引き出すものである。ただし、テレビ映像などを資料とする場合は、テキストに比べると情報量も多くなるので、与える時間は長くなりすぎないようにする。

地域の方をゲストティーチャーとして活用する際も、放課後に教師が取材して、動画で収録し、編集して授業に使うほうが簡便性がある。画質はデジタルカメラの動画機能でじゅうぶんである。

画像についても、プレゼンテーションソフトのスライドショーでしばらく数枚を見せたり、連続写真を続けて見せてアニメーションのようにしたり、また、資料の一部を隠したりするなど、いろいろな工夫ができる。ちなみに、パワーポイント（マイクロソフト）のアニメーション効果で、テレビ番組でよく使われる「めくり」を作ることができる（図3-6）。基本図形の中に角が折れている四角形があるので選択し、折れている部分を左上に来るように、変形する。そしてアニメーション効果の「ピークアウト（右へ）」を設定するとできあがりだ。

【ICT活用2】プレゼンテーションソフトの入ったパソコン

プレゼンテーションソフトは、先生方も使い慣れており、使いやすく汎用性が高い。「道徳の時間」でも、紙芝居風に資料を提示したり、しつこくない程度のアニメーションも入れるとよい。視覚的に訴える教材は生徒にとってわかりやすく、スライドに集中することで、授業にも一体感が生まれる。また、資料を印象的に提示できるので、驚きを引き出したり、問いを導いたり、感動を伝えたりするのに便利であり、思考の活性化に結び付けることができる。

図3-6

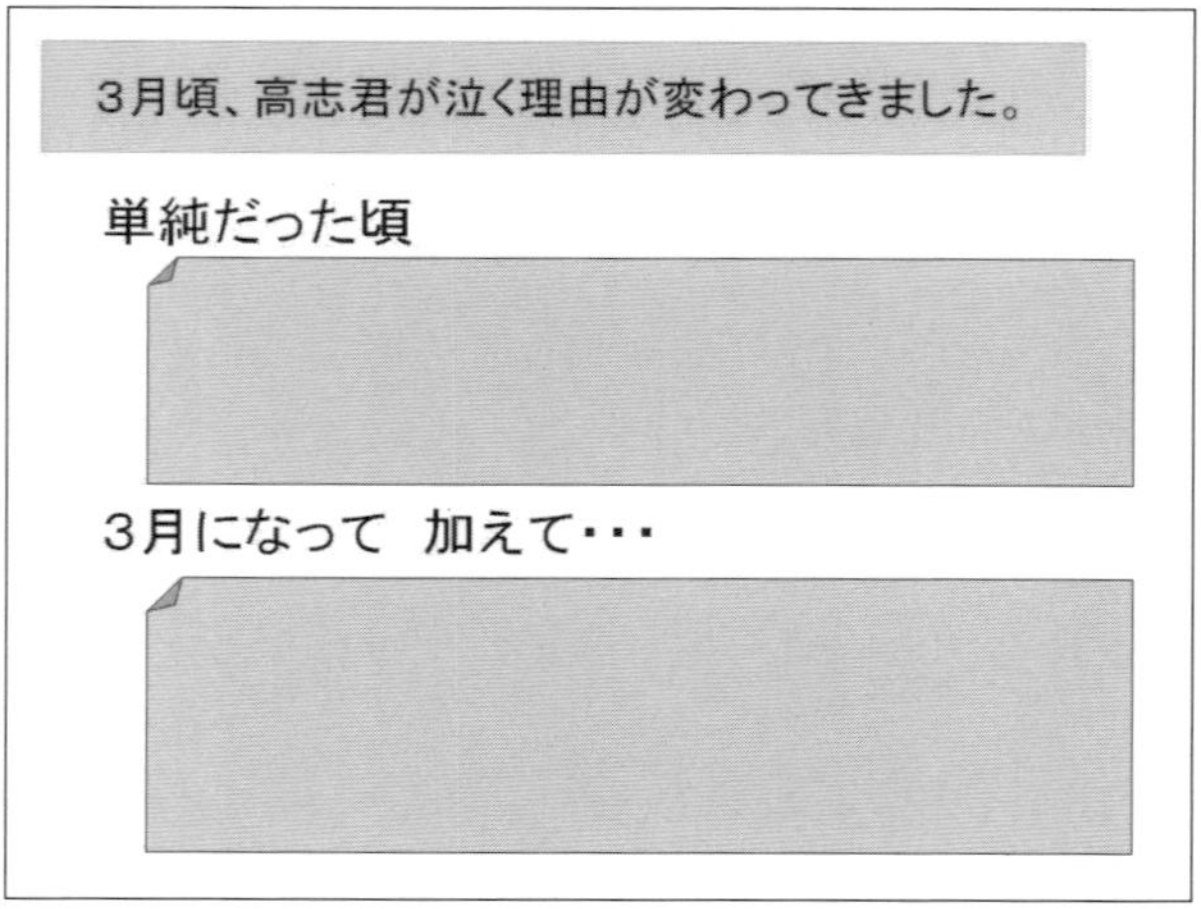
3月頃、高志君が泣く理由が変わってきました。
単純だった頃
3月になって　加えて・・・

授業中にスライドショーを途中で止めて、生徒の発言をその場でシートに入力する。発問の言葉や順序を途中で変えたいときは、プロジェクターをオフにして言葉を編集したり、シートの順を変更したりする。順番の入れ替えは、「スライド表示一覧」の画面（図3―7）にしてドラッグ＆ドロップで簡単にできる。また、リンクを付けたスライドにしておけば、生徒の思考に合わせて進めることができる。このように、決して一方的な流れにはならない。

一方、生徒の手元に資料が残らないと、後で見直しにくい。読み物資料のプリントとの組み合わせが大切である。

そのファイルを利用することで、ほかの教師が追実践をしやすいという簡便さもある。

授業づくりでもおおいに活用できる。授業の構成ができあがっていなくても、「とりあえず」テキストや画像などの資料を小分けして入れ込む。そしてシートの並べ替えをしながら、適宜、発問や指示のシートを追加していく。

授業研究会でも、記録した動画や写真を見せることで参加者がその場面を想起しやすい。「スライド表示一覧」ですべて

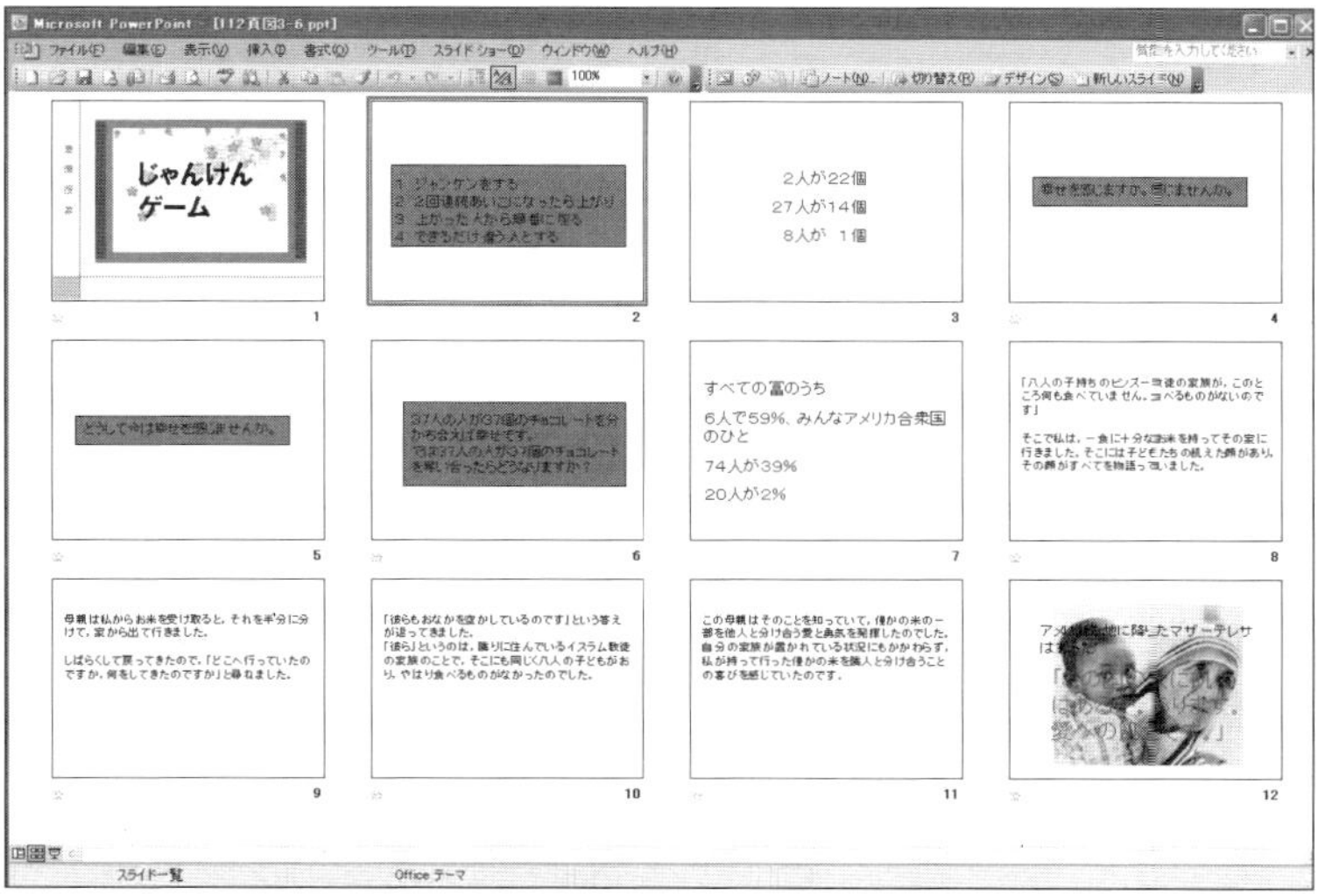

図3―7

のシートが見られるようにしておくと、参加者が議論をしやすくなる。ぜひ研究会でも利用してほしい。

【ICT活用3】プロジェクター、スクリーン、スピーカー、レーザーポインター

パソコンとワイヤレスでつなげることができるプロジェクターを利用したことがある。ワイヤレス送信ができるので、教室でパソコンを持ちながら机間指導し、その場からパソコンの利用ができる。線に引っかかることもなく、非常に便利であった。しかし動画はなめらかでなく、まだ改善の余地を感じた。

また、パワーポイント2007では、スライドの中で、ペンで自由に書き込みができる機能がある（色や太さも自由に選べる）。マーカーペンも用意されている。ペンを使うには、スライドショーの途中でマウスを画面左下に動かす。すると、ペンの形をしたボタンが現れるので、クリックすれば、メニューが表示される。生徒の発言を手書きで板書風に加えたり、座標軸を入れていたシートにグラフを書き加えたりすることができた（図3－8）。

図3－8

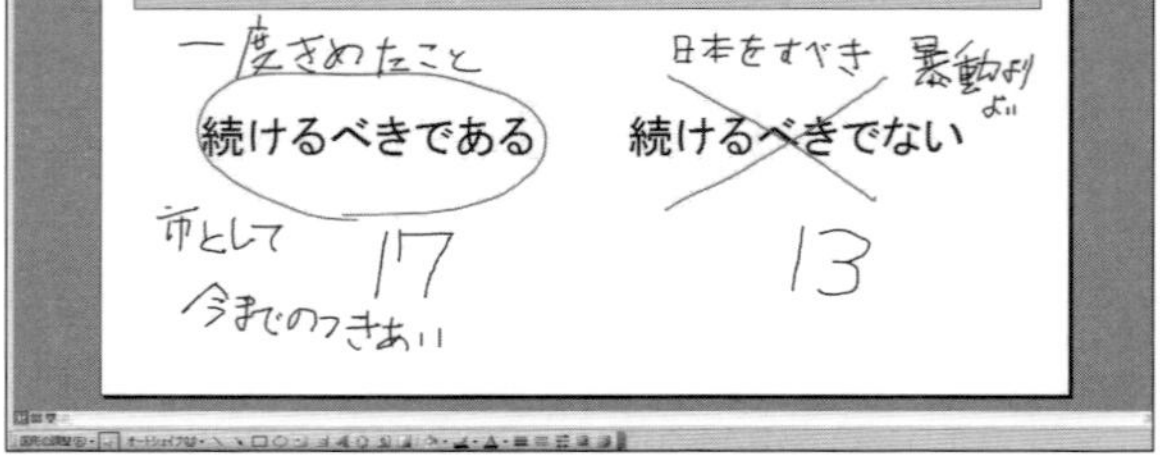

また、音声付きの映像などを視聴させたいときに、スピーカーは必需品である。16Wくらいの出力があるとじゅうぶんで、一〇〇人くらいの会場でも使用可能である。ただ、かなりの重

量があるので、学校内の持ち運びならばよいが、外での研修に行くときに持ち運ぶのは結構大変である。

以上のような環境がそろうと、レーザーポインターが必需品になる。プロジェクターから離れた位置での操作が必要だからである。パワーポイントのページ送りが操作できる機能が付いたものも市販されており、机間指導しながらプレゼンが進められるので授業の流れがスムーズである。

【ICT活用4】あったら便利なソフト

班活動をするとき、「〇分で話し合いなさい」と指示することがある。生徒は一応の目安にするが、あまり正確ではない。さらに教師自身もその時間を忘れたりする。小さなタイムキーパーは安価で売っているが、黒板のところに置いても生徒からは見えにくい。そのようなときに、フリーソフトのタイムキーパーを使うとよい。班での協議などをさせるとき、スクリーンに映して行うと、生徒も時間を考えて活動を進めることができる（図3―9）。

図3―9（学会たいま～座長の友）
http://www.vector.co.jp/soft/win95/personal/se236898.html

プレゼンテーションソフトを効果的に活用した授業として、「山下監督が目指したもの」[※]という道徳の授業実践例がある。

※『**中学校編とっておきの道徳授業V**』桃﨑剛寿・編著（日本標準）十三ページ参照。

偶然、山下泰裕氏の講演内容を講道館のウェブサイトで見たとき、人間教育を重視した事業を進めようとする「柔道ルネッサンス」について知った。そこにあった「最高の選手づくり」という言葉に胸を打たれた。山下泰裕氏の選手づくりを通して、謙虚さの美を知らせたいという願いが生まれたのが授業づくりのきっかけである。

山下泰裕氏の輝かしい柔道の業績を説明した後に、「八年間、全日本の監督として、山下さんは何を目指したでしょう」と問うと、生徒は結果や強さに目を向けた。そこで「最強※の選手づくりではありません。我々が目指してきたものは最高の選手づくりです」という言葉に出会わせた。その選手の一人篠原信一選手が「誤審」といわれて敗れたシドニー・オリンピックの決勝戦についての読み物資料を配付した。また、篠原選手が技をかけるところのコマ送りの写真を手に入れることができたので、プレゼンテーションソフトを活用し、それを一枚ずつ重ねていくことで、アニメーションができた。何度も見直しができるので、誤審といわれたその様子を理解することができた（図3−10）。

※『最強の…』
http//www.kodokan.org/j_renaissance/yamashita0603.html
（二〇〇八年四月現在）

図3−10

Photo：築田純／アフロスポーツ

第4章

オリジナル道徳授業はこうして生まれる

1 道徳授業づくりの方程式

授業の素材

何かを感じて巡り会った「素材」を見つめる。その「素材」に道徳的な価値を見いだして活用する箇所を決めると「資料」になる。さらに指導言や学習活動・学習形態・学習プリント・板書計画などがセットになって「教材」になる。

このようにしてオリジナル道徳授業が創出される。その資料の集め方と授業のつくり方は第2章と第3章で示した。

本章では、実際の授業がどのようにして誕生するのかをライブ感覚で示したい。四つのオリジナル道徳授業を例に挙げ、紆余曲折を経ながらも誕生していく様子を示す。作成にあたっては、行き詰まったり、突破したり、ひらめいたりするなど、ささやかであるかもしれないが、ドラマがある。なるべく生の感情が伝わるように、その様子をお伝えしたい。

初めに、授業づくりの方程式となる手順を、八つのステップで示そう。この方程式となる手順に従えば、道徳の授業づくりは進む。

素材を手にした時点で、授業づくりは始まっている。

ステップ1　どこに「はっ」とするものを感じたのかを洗い出す

素材の中のどこに感銘を受けたのかをピックアップし、素材から資料へと進む。

書籍からの授業づくりであれば、感銘を受けたところに付箋《ふせん》紙を貼ったり、またはアンダーラインを引いたりする。ピックアップしようとするところが単独では胸に響かなくても、ほかの箇所との相互作用で胸に響いてくる場合もあるので、やや多めに、甘めにチェックを入れていったほうがよい。

次に、授業で中心的に扱うところをどこにするかを決める作業に入る。

ステップ2　その中でどこを中心に扱うのか

資料を絞った自分に、「なぜそこに絞ったのか」と自問する。初めから、ある内容項目をねらいにして資料を決めたのであれば、その内容項目が理由で、それを中心に扱うであろう。しかし、内容項目を意識しすぎると、資料の中にある大切なことが見えにくくなってしまったり、間違ってとらえてしまうことがある。邪心を捨てて、資料に真摯に向き合うことが結局は資料のよさを引き出せる。

また、強い感銘を受けたところだけを中心にして授業を構成しようとすると、ストーリー性がなくなって、授業が「事実の羅列」になってしまうことがある。後ほど決定する「授業のねらい」によって、どこを取り上げるかが決まり、そして授業構成が決定していく。

中心に扱おうと選んだ理由には、「道徳的な内容に感動して選んだ」という側面と、「生徒の心のどこかに響かせたくて選んだ」という側面がある。

ステップ3　道徳的な内容は何か

ステップ4　生徒の心のどこに響かせるのか

たとえば、道徳的な内容は「謙虚な心」、生徒の生活に照らし合わせたいところは「すぐ人のせいにして、自分の非を認めない、人を見下して考える傾向の生徒が何名かいる。彼らに自己凝視をさせたい」というようにである。

この二つとも強く感じて選ぶこともあれば、前者のみ、または後者のみを感じて選ぶこともあろう。この二つを整理すると、ぼんやりと授業のねらいも見えてくる。

しかし、ここで焦ってはならない。ほかにも、もっとよい資料があるかもしれない。

ステップ5　より多くの資料をどう集めるのか

関連するほかの資料を集める。同じ事実や人物、著作について探したり、同じカテゴリーやキーワードで探したり、さらには逆のカテゴリー、キーワードで探したりする。手軽な方法はインターネットの検索サイトの利用である。ここから関連書籍や新聞記事など、ヒントとなるものに出会うことが多い。

画像や音声、動画なども有効である。興味関心を引き出すのみでなく、資料内容をよく把握することができる。また、教師と生徒、または生徒間で共通に視聴する素材があることで、コミュニケーションを活性化することができる。最近は、検索サイトの検索オプションでこれらの検索がしやすくなった。

授業の構成、具体化

そしていよいよ授業構成である。

前の章で述べた授業づくりの具体的方法が、次の二つのステップで大きく関わってくる。

ステップ6　資料に指導言を付けて構成し、具体的にイメージする

同じ資料を使っても、その配列でまったく異なる授業になる。

三つの学習活動A、B、Cでも、並べる順は次のように六通りある。

A→B→C、B→A→C、C→A→B、A→C→B、B→C→A、C→B→A

こちらの考えているねらいが、生徒の心にすとんと落ちるように、次のことを念頭に置いて構成を考える。

一つ目は、「道徳的な内容との出会いの演出」である。

同じ事実を知らしめるにしても、ただ話を伝えるだけでは生徒の心には響かない。響くよう

な展開となる構成にするのである。たとえば、資料の人物が「挑戦したこと」のすばらしさを生徒に感じとらせるためには、「普通なら挑戦しないよな」という意識を皆が持つことを確認する学習活動を入れる。その後に「挑戦したこと」を伝える。たとえば、資料の人物の「周りの人への優しさ」を伝えるのに、その前に「周りの人への厳しさ」を伝える。このような演出である。

二つ目は、「流れがシンプルか」である。

なるべくわかりやすく、しかもじっくりと子どもたちの学びを保障するような流れがよい。また、複雑な展開にすると、理解が遅い生徒には考えにくくなることからもシンプルがよい。

三つ目は、「脳が活性化しているか」である。

説明が長すぎたり、個人追究の時間だけで進めたりすると、思考力が落ち興味関心が欠け、集中できなくなることもある。学習活動も、読んで感想を書くことの繰り返しであったり、疑似体験をするばかりであったり、映像をずっと見ているばかりであったりすると脳が活性化しなくなる。

これらを踏まえて、どのように構成し、どのような言葉で発問・指示・説明をし、どのような授業展開をするとよいのかを考える。

そして授業のイメージをより具体化するために、次のステップに進む。

ステップ7　生徒がどう活動するか・どう思考するか

教師は生徒を動かす技術を適切に発揮する。ＩＣＴ機器を効果的に活用する。そして板書計画や学習プリントの準備をする。そして授業の構成が一通りできたら、自分が生徒になって授業を受けるつもりでシミュレートしてみる。「道徳的な内容との出会いの演出」「流れがシンプルか」「脳が活性化しているか」を生徒の立場で点検する。特にその授業がねらった生徒の心に近づいたかをシミュレートするとよい。

映画監督の宮崎駿さんが、「映画で何を伝えたいか」というインタビューにこう答えていた。「子どもたちに、つまらないって言われたくないじゃないですか。そっちのほうが先ですよ」。そしてテーマが先に出るとつまらなくなるとも言われていた。道徳の授業に通じる示唆である。授業を子どもの立場に立って、おもしろいものに仕上げなければならない。

シミュレートしてみて、違和感を感じたならば、もう一度今までの構成を見直していき、代案を出してみる。このときプレゼンテーションソフトを使うと、シート配列の移動がきわめて簡単でとても重宝する。

そのシミュレートした授業の流れからねらいへと達する。いよいよ最後のステップである。

ステップ8　本時のねらいを文章で考える

ぼんやりとしていたねらいを最終的な文章にする。「その授業で生徒が出会った知恵や思考を通して、目指した生徒像になる」と記述するのが一般的である。しかし「道徳の時間」の場合、「本時のねらい」といいながら、そこには一生をかけて求めていくねらいが書かれることが多い。また、たとえば「席を譲る心」を学ぶ授業でも、道徳の内容項目をくくる四つの領域でさえどれにあてはめるかは、考え方一つで異なってくる。

ねらいを的確に文章で表すことほど難しい作業はない。「自分が何に価値を感じたのか」「生徒のどこに届いてほしいと願ったのか」「それを適切に表現する言葉は何か」と冷静に正対しなければならないのである。

そこで、一時間の授業の中で生徒がどんな思考をするのかをイメージしてみる。そのようなイメージが、目指しているねらいではないか。それを言葉に表すのである。

道徳の授業がねらいに「惑わされ」てはいけない。

オリジナル道徳授業の作り方　8ステップ

- ステップ1　どこに「はっ」とするものを感じたのかを洗い出す
- ステップ2　その中でどこを中心に扱うのか
- ステップ3　道徳的な内容は何か
- ステップ4　生徒の心のどこに響かせるのか
- ステップ5　より多くの資料をどう集めるのか
- ステップ6　資料に指導言を付けて構成し、具体的にイメージする
- ステップ7　生徒がどう活動するか・どう思考するか
- ステップ8　本時のねらいを文章で考える

2 道徳授業「医師としてのプライド」誕生ストーリー

テレビ番組からの触発

ＮＨＫ「プロフェッショナル　仕事の流儀」という番組がある。番組に登場するのは、だれもが認める、その道のプロ。自分の仕事と生き方に確固とした「流儀」を持っている仕事人たちはどのように発想し、斬新な仕事を切り拓いているのか。これまでどんな試行錯誤を経て、成功をつかんだのかが浮き彫りにされている。

その第二六回放送の「医者は人生を手術する　脳神経外科医　上山博康」（二〇〇六年九月放送）を視聴した。彼の「プロフェッショナル」に打ちのめされた。その生き方に大きなインパクトを受けた。後遺症を心配する患者に「大丈夫だと思う。後遺症なしでできると思う」と覚悟を持って言いきる上山医師。「訴えられたら、その時はその時です。患者さんは僕を信頼して手術台にのぼる。それに応えられなかったら僕が悪い」と答える上山医師。彼に医者のプライドを教えた伊藤先生。そしてその言葉の重さを知ったある手術での失敗……。

感動的な資料との出会い。この感動が授業づくりのスタートである。ここからどのように授業が構想されていったのかを再現してみる。

授業づくり　完成までの道のり

ステップ1　どこに「はっ」とするものを感じたのかを洗い出す

この番組から受けた感動は何だったのかを整理する。

・「睡眠時間四時間で患者の人生を懸けた思いのこもった手紙やメールを読む姿」に「プロの理想を追求する姿」を感じた。
・「後遺症は起きないと思うと言いきる姿」に「誠実さ」を感じた。
・上山医師が師と仰ぐ伊藤先生の患者に謝る姿から学んだ「力がないから助けられないんだ」という考え。そして「患者は人生を懸ける。俺たちはプライドを懸けろ」という考え。
・その考えを心に刻んだある手術。そして十年以上前のその手術に今も涙を流す上山医師の、患者と正面から向かい合ってきた生きざま。

などである。

ステップ2　その中でどこを中心に扱うのか

「睡眠時間四時間で患者の人生を懸けた思いのこもった手紙やメールを読む姿」に見る「プロの理想を追求する姿」は、私自身の職業観にも大きな影響を与えるものである。

また、「後遺症は起きないと思うと言いきる姿」に感じた「誠実さ」。私は、進路に関する三者面談で、「大丈夫です。合格できます」とは言いきらないようにしている。入試に「絶対」という言葉はないからだ。その面で、言いきる上山医師の、患者の人生をすべて背負うという決意と技術に裏付けられた自信に驚嘆するとともに、その姿に誠実さを感じるのであった。

ところが、これらの「仕事のプロ意識」は取り扱おうにも、そのような経験は中学生にとってはせいぜい職場体験くらいである。よって、この二つを外すことを考えた。

ステップ3　道徳的な内容は何か

ステップ4　生徒の心のどこに響かせるのか

二つに絞ることができた。それぞれに力がある。それでも、特に「生徒の心のどこに響かせるのか」という点で、私自身すっきりしない。

こういうときは「さらなる資料集め」である。

その中から資料の本質が見えてくることがある。

ステップ5　より多くの資料をどう集めるのか

『プロフェッショナル　仕事の流儀9（「File No.026 医者は人生を手術する——脳神経外科医上山博康」所収)』※を入手する。テレビ番組とほとんど同じ内容である。

※『プロフェッショナル 仕事の流儀9』茂木健一郎＆NHK「プロフェッショナル」制作班・編著（日本放送出版協会）

なかなか資料が増えないなと思っているところに、年間購読をしている月刊※『致知』に上山医師のインタビューがあった。ここに彼の「武士道精神」をかいま見た。

その中で見えてきたものがあった。

それは「失敗」である。助けたかった一人の患者を手術ミスで亡くしてしまったこと、そして今もどうしても忘れられないことが、どの資料にも綴られている。なぜ一つの資料からそれを見いだせなかったのか。いくつかの資料にあたることでやっと気づいた。

中学生にとって、「失敗」とはどういう受けとめられ方をしているのだろうか。中学生もいろいろな場面で失敗をしている。テストでの失敗、部活動での失敗、家庭の役割分担での失敗、友人関係での失敗などである。

もちろん、上山医師の失敗と比較するにはあまりにも軽いものかもしれない。十数年の人生と、命を懸けた最前線で働く上山医師の経験とでは距離がある。でも、精いっぱい自分と向き合っている点では中学生もある意味で同じであろう。そう信じて授業化へ進めると確信した。

※月刊『致知』
二〇〇七年六月号
（致知出版社）

ステップ6　資料に指導言を付けて構成し、具体的にイメージする

授業のヤマは「失敗を受けとめること」である。

上山医師の表情はインパクトが強い。じゅうぶん考えさせて、最後に映像を見せたいと考えた。

その前に上山医師がいかに仕事に誠実に励んでいるのか、努力しているのかを学ぶ必要がある。だからこそ手術に全力で取り組んでいることが伝わる。

では、上山医師と生徒自身をキーワード「失敗」でどうつなげるか。「あなたは今までどんな失敗をしましたか」とたずねても、生徒は答えづらいし、マイナスから入る授業は、雰囲気が暗い授業になりかねない。

生徒の生活の意識を想起させる導入を考える。この部分ができると授業ができる。

悩んでいるうちに数か月が経っていた。たまたま「賢人は愚者から学び、愚者は賢人から学ばず」という言葉の意味を調べていたとき、「愚者は失敗し後悔しながら学び、賢人は他人の過ちを見て学ぶ」という格言に出くわした。

「失敗」に関する格言での導入！　これで「授業はできる」と考えた。

はじめに生徒に「失敗」に関する格言をいくつか紹介する。ほとんどが「失敗は成功のもと」というように、マイナスの言葉として紹介されていない。このような、いくつかの格言の意味を考えることで、生徒も自分の失敗に正対して考えることができないかと考えた。

そして、自分が一生懸命取り組んできたことを想起させ、その中で起こした失敗を考えさせる。そして上山医師の資料、最後に映像、という流れである。

授業の再検討

今のプランで授業をシミュレートしてみると、最初の格言からの導入はやや観念的で、格言は知識としても難しく、学びのムードづくりもいいとは思えなかった。

導入の変更である。「失敗」について、客観的に整理する時間にできないか。しかもマイナスイメージを払拭できるような展開……。こうなるとベストである。

ここで先の課題に戻った。

ステップ5　より多くの資料をどう集めるのか

そうだ。失敗といえば、畑村洋太郎さんがいるではないか。『直観でわかる数学』※を読んだとき、「失敗学」についての著書があったことを思い出した。そこで数冊の本、新聞記事などを調べ、次のようなことを知った。

・失敗学会（会長が畑村氏）という学会が実在すること
・よい失敗と悪い失敗があること
・失敗がきっかけでノーベル賞の受賞に結びついたこと

このような知識であったら、生徒も楽しく学べるのではないか。そう考えた。

こうして授業の構想が完成した。

※『直観でわかる数学』
畑村洋太郎・著
（岩波書店）

> ①失敗学会という学会がある。これはうそでしょうか、本当でしょうか。
> ②「よい失敗」と「悪い失敗」があるといいます。「よい失敗」とは、どんな失敗でしょうか。
> ・「新たな知を生み出し創造につながる失敗」
> ・ノーベル化学賞を受賞した田中耕一さんや白川英樹さんなどの失敗を生かした例

③「悪い失敗」とはどんな失敗でしょうか。
・「取り返しがつかない失敗」
・「不注意や慢心、誤判断で繰り返される失敗」
・「何も生み出さない失敗」
④今まで、一生懸命取り組んできたことは何ですか。
⑤失敗はありましたか。
〈資料1〉配付（上山医師の生きざま）
⑥伊藤先生の言葉を考えさせる。
「それは上山、医者の論理だろう。医者にはダメだと分かっても、患者さんの側には分かるわけけない。助けてほしいから来ているんだよ。俺たちに力がないから助けられないんだよ」※1
⑦伊藤先生の言葉を、（　　　）を空欄にして考えさせる。
「患者は人生を懸けて手術台に上るんだ。俺たちは何を懸ける。おまえの（プライド）を懸けろ。医者としてのすべての（プライド）を懸けろ。それしか患者の信頼に応える方法はないんだ」※2
〈資料2〉配付（思い知った師の言葉の重さ）
伊藤先生の教えを痛感したという、失敗した手術をふりかえるシーンを五分間視聴する。
⑧授業の感想を書かせる。

※1 2月刊『致知』二〇〇七年六月号二一ページ。

上山医師の資料を終えてから、自分をふりかえる直接の発問はここではしない。理由は、同じ「失敗」を考えたにせよ、上山医師の資料で扱っているレベルは重く、簡単に今の生徒の生活の中で同じレベルの「失敗」を見いだしてふりかえることは難しい。無理にふりかえらせると、こじつけて考えなくてはならないかもしれない。

ここは感想を書かせ、結び付けられたものを紹介する流れを選択する。

ステップ7　生徒がどう活動するか・どう思考するか

最後に映像を見せることとは決めてあるので、そこ以外を考えていく。

導入で使う「失敗学会があるか、ないか」という発問に、「失敗学会」という看板を見せる。失敗学会のウェブサイトからトリミングして得る。そのことで、「本当にあるのだろうか、いや、偽造したのではないか」と、逆に怪しさが増すであろう。

失敗を考えるところは、二通りの展開が考えられる。グループ学習で和気あいあいとお互いの失敗を紹介し合う展開にするか、交流をさせないでじっくりと自分に向き合わせるか、である。ここでの資料は死につながる医療上の失敗であり重いものである。よって後者の「交流をさせないでじっくりと自分に向き合わせる」学習にした。

読み物資料は、上山医師の生きざまを表した資料1と、伊藤先生の言葉の重さを思い知った資料2の二つである。

学習プリントは、自分を見つめる二つの発問「今まで、一生懸命取り組んできたことは何ですか」「失敗はありましたか」と、授業後の感想である。

ステップ8　本時のねらいを文章で考える

生徒の心が次のように推移することをねらった授業プランであった。


「失敗って研究する価値があるほどのものなんだ」

「失敗ってよい意味のもあるし、悪い意味のももちろんあるな」

「今までこんなことにがんばってきた。思い出したくないけど、あんな失敗があったなあ」

「上山さんはすごいなあ。私も一生懸命やってきたつもりだけど、この人にはかなわないな」

「こういう言葉を受けとめて今の上山さんがあるんだな」

「上山さんの失敗に対する真摯さはすごい。自分もそうなりたい」


そこから次のようなねらいを立てることができた。

「失敗」を心に刻み、患者の側に立つ上山医師の姿から、プライドを懸けて生きる人間の気高さを感じる。（気高い生き方）

3 道徳授業「イースター島の謎」誕生ストーリー

きっかけはサークルメンバーの依頼から

サークル「道徳教育改革集団」のメンバーから、『いきものがたり　生物多様性11の話』※を主資料にした道徳の授業開発を依頼された。この本は、私たち人間の存在そのものを支えている生物の多様性を、養老孟司氏、藤田紘一郎氏などの〝多様な視点〟から、本質をわかりやすく書き下ろした十一篇からなる。

その中の「6億年の大量絶滅史――イースター島から学ぶこと――」を資料として私が作成した授業プランが、ウェブサイト「未来図書室・jp」(http://mirai-tosyositu.jp)にある。これは、〝大量絶滅〟について学ぶことで、急激な環境変化が地球にどのような影響を与えるのかを理解し、環境保全から生命を尊重する心を育てることをねらったものである。

授業はまず、「6億年の絶滅史のグラフ(海洋無脊椎動物)の概形」から、現在の生物種の絶滅スピードは、恐竜が滅んだときよりもずっと高いことをおさえる。そして、ほかの生物種が滅んでいったら人間にとってどんな影響があるかを、イースター島の悲劇から考えさせるという流れである。

※『いきものがたり　生物多様性11の話』山本良一・企画監修／Think the Earth プロジェクト・編著(ダイヤモンド社)

教材研究をする中で感動のストーリーと出会う

その教材研究の中で、私が興味をいちばん抱いたところは「イースター島の悲劇」である。モアイ像で有名なイースター島だが、そのモアイ像を築いた文明の滅亡に環境問題がからんでいたという説であった。ポリネシアから来た島民が島で暮らしだしたのは五世紀以降で、それまで約三万年間、島はヤシの木など豊かな森に覆われていた。それが、モアイ建立がピークの十五世紀以降にはほぼ消滅し、イネ科などの草に変わっている。人口の急増で農地が必要となり、森を切り拓いたのだ。その結果、土砂が流出して農作物は育たなくなった。飢餓の島から文明はなくなり、モアイ像の製造方法も文字文明も消滅したというものである。

また、イースター島を観光した方のウェブサイトで「タダノを知ってるか」と現地の方からたずねられるということを知った。タダノとは日本の企業で、倒れたモ

アイを修復するプロジェクトを行っていたのであった。これも知らなかった。しかも、一人の社員の発想からこの壮大なプロジェクトが始まり、国をも動かしていったという。これらのいきさつが、株式会社タダノのウェブサイトに「モアイ修復プロジェクト」として紹介されていた。クレーン車をどう移動したのか、文化財をどう保護したのかなど詳しい説明があり、一つ一つに感動した。日本の企業ってすごい！と。

授業づくり　完成までの道のり

ステップ1　どこに「はっ」とするものを感じたのかを洗い出す

教材研究で得た感動は何だったのかを整理する。

・絶滅種の数と人間の存続の関係
・イースター島の文明消失と環境問題
・日本企業のモアイ修復プロジェクト
・プロジェクトの困難性
・プロジェクトのきっかけは一人の社員から

が挙がる。

ステップ2　その中でどこを中心に扱うのか

これだけ豊富な資料群であるので、どこに絞るかが大切である。

「絶滅種の数と人間の存続の関係」を扱うと、ウェブサイト「未来図書室・jp」で提案した授業とほとんど同じになる。

「プロジェクトの困難性」を追っていくと、興味深くはあるが、知識の習得の時間が多くなる可能性がある。もし資料に入れるにしても、印象に残る話を二、三紹介する程度におさえたい。

となると、

・イースター島の文明消失と環境問題
・日本企業のモアイ修復プロジェクト
・プロジェクトのきっかけは一人の社員から

の三つが残る。一人の社員からプロジェクトが始まったことを扱う場合は、資料の量も多くない。

ステップ3　道徳的な内容は何か

ステップ4　生徒の心のどこに響かせるのか

「イースター島の文明消失と環境問題」ならば、自然環境の大切さである。

「日本企業のモアイ修復プロジェクト」ならば、国際協力や愛国心である。

この二つの資料を使うと、ねらいが二つになる。生徒の意識が分断されない構成ができるならば、この二つを使いたい。

ステップ5　より多くの資料をどう集めるのか

読売新聞のＮＩＥウェブサイトの中のＮＩＥ特集「自然の力　生命の力」に、「イースター島の文明消失と環境問題」と関連する内容があった。

さらに、二つの文献を手に入れることができた。『イースター島の悲劇——倒された巨像の謎』[※1]と、『イースター島の謎』[※2]である。

このような調べの中で、「モアイ修復プロジェクト」は、一人の社員がイースター島を取り上げたテレビ番組を見ていて、それがきっかけで会社が動いたこともわかった。

これらの資料などにより、事実であることが確かめられた。

ステップ6　資料に指導言を付けて構成し、具体的にイメージする

「自然の力　生命の力」をはじめの資料とし、イースター島の文明消失と環境問題について考えさせる。自然環境を守ることの大切さをモアイ像の謎から学ばせることで、生徒の知的好奇心を駆り立てる学習ができる。

しかし、ここで授業が終わると、人間の愚行のみが授業のイメージとして残ってしまうので、

※1『イースター島の悲劇—倒された巨像の謎』鈴木篤夫・著（新評論）

※2『イースター島の謎』カテリーヌ・オルリアック、ミッシェル・オルリアック・著／藤崎京子・訳（創元社）

倒されたモアイを起こした日本企業のプロジェクトを次の資料とする。しかも一人の社員の発した言葉から始まったことを知らせる。このことで、生徒に「私ができることはない」という感覚から、「私にも何かできることがあるかもしれない」という可能性を感じさせることができるようになるであろう。

ステップ7　生徒がどう活動するか・どう思考するか

モアイ像の謎については、教師からの説明だけで伝えるのではなく、モアイ像の写真を見せて、そこから生徒が不思議に思うことを自由に考える活動の中から気づかせたい。自由な発想の中から気づいたことの多くは本時の内容に関わってくると思われるから、このような導入が可能である。

タダノの取り組みは、ウェブサイトの写真を活用して、プロジェクターで視覚的に説明をする。クレーン車がモアイ像を動かしている写真などがあるのでイメージが伝わりやすい。また、たくさんの道徳的価値が含まれているので、生徒もそれぞれの関心によって、心に引っかかるところは異なると思われる。そこで、授業の最後に「どこがいちばん心に残ったか」を画用紙の表に書かせ、学級の中で同じ意見の生徒同士で「なぜ心に残ったか」を言わせるなど、交流させる。そしてその画用紙の裏に、自分が関われそうなことを書かせることで、自分をふりかえる活動としたい。

以上から、次のような展開案ができた。

①この写真には、いろいろな「謎」があります。どんな「謎」がありますか。
〈読み物資料1〉「自然の力　生命の力」（イースター島の文明消失と環境問題）
②私たちの世界に対して、どんな教訓が含まれていると思いますか。
③イースター島の現地で通じる日本語は、「ツナミ」と「タカイ」と、もう一つあります。それは何でしょう。
・答えは「タダノ」です。
〈読み物資料2〉「タダノのモアイ修復プロジェクト」
・港がないので、チリ海軍の上陸用舟艇で上陸させることになった。そのため寸法制限があり、クレーンの改造をする必要があること、また、世界的文化遺産であるため、考古学的手続きをふむ必要があることなど、幾多の難儀を乗り越えていったことをプレゼンテーションソフトで説明する。
④もうひとつの「謎」があります。何でしょう。
・なぜタダノがするのだろうか。

生徒の心が次のように推移することをねらった授業プランであった。


「モアイ像って、謎だらけだなあ」

「イースター島にはこんな歴史があったのか」

「環境問題を真剣に考えなくては」

「そこで国際貢献をしたタダノはすごい！」

「こんな大変なことを乗り越えたんだ」

「なぜタダノがこんな大変なことに取り組んだのだろう」


そこから次のようなねらいを立てることができた。

・イースター島の悲劇から自然環境の大切さを知る。（自然に対する畏敬の念）
・国際的視野に立って社会に貢献した企業を誇りに思う心情を育てる。（国際協調）

4

道徳授業「人の心のつかみ方」誕生ストーリー

テレビ番組のチラッとした光景から

宮崎県の知事、東国原氏がテレビ番組でインタビューを受けていたときである。「日本旅行の平田といいます……」と報道関係者の席から声が上がると、「あのカリスマ添乗員の平田さんですね」と知事が答えた。著名人から覚えられるほどのカリスマ添乗員とは何者だ？　と思って、インターネットで検索をすると、平田進也氏を紹介する新聞記事や本人のブログ、会社のサイトに出会えた。書籍を探してみると一冊ヒット。取り寄せてみると涙あり、笑いありの資料であった。じゅうぶんに授業化できる素材であった。

授業づくり　完成までの道のり

ステップ1　どこに「はっ」とするものを感じたのかを洗い出す

平田進也氏〔(株)日本旅行勤務〕の著書『出る杭も5億稼げば打たれない！』※が中心資料で

※『出る杭も5億稼げば打たれない！』
平田進也・著
(小学館)

ある。この本には、二〇〇六年は一人で年間七億三千万円を売り上げたスーパー添乗員・平田氏が教えるビジネススキルアップ戦術が記されている。八方破れな〝自己流〟を貫き通す平田氏の行動、アイデアにはビッグビジネスのヒントが満載されている。平田氏の実体験を中心とした読みやすい本ゆえにさっと読めた。「ここは使える」という箇所に付《ふ》箋《せん》紙を貼りながらもう一度読む。感心するところや涙を誘うところが多く、付箋紙を一〇か所以上に貼った。

①　一四ページ　「出る杭というのは、打たれるもの」
②　一九ページ　「仕事の形式などに捉われず」
③　五一ページ　「ビジネスの主役になるには」
④　五五ページ　「24時間仕事頭」
⑤　六四ページ　「〝思いきって〟にもレベルがある」
⑥　七五ページ　「不可能を可能にする発想の転換」
⑦　一〇八ページ　「〝奇襲〟という名のビジネス戦略」
⑧　一一三ページ　「オレは大アホやねん」
⑨　一一八ページ　「二流と一流、一流と超一流の差」
⑩　一二八ページ　「ＣＭ料がたったの１００円!?」
⑪　一四二ページ　「アンタは旅行業を辞めなあかん！」
⑫　一六五ページ　「亡くなったおばあちゃんがツアーに参加!?」

ほかにも胸を打つところが何か所もあるすばらしい素材である。

ステップ2　その中でどこを中心に扱うのか

教師修業上参考になると思った　①「出る杭というのは、打たれるもの」③「ビジネスの主役になるには」④「24時間仕事頭」を外す。また、道徳授業論上参考になると思った　②「仕事の形式などに捉われず」を外す。

残った八つの素材のすばらしさは、それぞれが光っていて、いろいろな魅力が含まれている。

ステップ3　道徳的な内容は何か

ステップ4　生徒の心のどこに響かせるのか

「なぜそこに絞ったのか」を自問する。

⑤「〝思いきって〟にもレベルがある」……一生懸命取り組む姿
⑥「不可能を可能にする発想の転換」……一生懸命取り組む姿
⑦「〝奇襲〟という名のビジネス戦略」……気配りの大切さ
⑧「オレは大アホやねん」……気配りの大切さ
⑨「二流と一流、一流と超一流の差」……気配りの大切さ
⑩「CM料がたったの100円!?」……気配りの大切さ
⑪「アンタは旅行業を辞めなあかん！」……気配りの大切さ

⑫「亡くなったおばあちゃんがツアーに参加!?」……心をつかむすごさ

道徳的な内容に感動した点は、気配りの大切さや一生懸命取り組むことの大切さであった。ところが仕事で活躍される方を資料として扱う場合は、生徒の生活から遠く、自分の問題として考えられないことが多い。また経済活動の中での「親切・気配り」は、「利潤追求」に結びついているものなので扱いは難しい。どう構成するか、腕の見せどころとなる。

ステップ5　より多くの資料をどう集めるのか

平田進也氏のウェブサイトやブログ、平田氏の勤務する日本旅行のウェブサイトから、平田氏の宴会の写真とともに真剣なビジネスパーソンとしての写真を得た。新聞記事もアップされていたが、ほとんどが書籍に書いてある内容と同じであった。

ステップ6　資料に指導言を付けて構成し、具体的にイメージする

テーマは「気配り・人の心をつかむ」と考え、次のような流れを考えた。

導入で、「人の心をつかむことについての意識化」を図る。人の心をつかむことのマイナスイメージも中学生ならばおさえておきたい。

資料との出会いで、「平田進也氏のすごさ・心のつかみ方のうまさ」を示したい。実績や写真を示す。

自己のふりかえりとして、平田氏のような考えや行動が自分にも取り入れられるかを考えさ

せる。平田氏は「意外かもしれませんが、私は元々消極的で人目を避けているような子供でした。当時の先生にほめられたのが、私が変わるきっかけとなり、自分のギャグにクラスメートが笑ってくれたとき、体が震えるほど嬉しかったのを覚えています。」と書いている。このことを知ることで、「平田さんのようになるのは難しいかな」と思っている生徒にも、「どこかで自分も変わることができるのかな」と、可能性を前提にして考えさせることができる。

以上のような、シンプルな流れにしたい。

※「意外かも…」(日本旅行ウェブサイトより)
http://www.nta.co.jp/recruit/project/hirata/index.html
(二〇〇八年四月現在)

ステップ7　生徒がどう活動するか・どう思考するか

導入で生徒の考えを引き出すのにさまざまな活動が考えられる。

ICT活用では、プレゼンテーションソフトを使用して写真などを大きく提示する。平田氏が女装して扮する「進子ちゃん」のキャラクターに笑いが出るであろう。

授業の再検討

シミュレートしてみると、「心をつかむ」レベルの高さが伝わりにくいこと、資料がやや生徒の生活から遠いことが課題だと感じた。そこで平田氏のツアーに参加するお客さんとのつながりを初めに持ってくることで、心をつかむすごさを表現した。

また、「消極的で人目を避けているような子供」だったこと、そして最初の添乗のときの失敗の数々と、それにもかかわらずお客さんから「アンタが偉かったのは、客のために一生懸命やってたことや」と感謝されたことを伝えることで、その距離感を縮めるように修正した。[※]

①あなたは、人の心をつかむのが下手ですか、上手ですか。
②人の心をつかむのが下手だと、どういうことがおきますか。
③人の心をつかむのが上手だと、どういうことがおきますか。
④次の二つの話はどういうことを表しているのでしょうか。
［エピソード1］会社へお客さんから「平田さんの慰労会をすることにした」という電話。

［エピソード2］平田さんと行く旅行を楽しみにしていたからと、予約後亡くなったおばあちゃんの分もキャンセルせずツアーに参加。
⑤平田さんはなぜここまでお客さんの心をつかんでしまうのでしょう。
⑥あなたはそのような態度で取り組むことができましたか。
・エピソードを貫く道徳的価値を考えさせる。
［エピソード3］子どものころの平田さん。そして最初の添乗のときの失敗の数々と、お客さんからいただいた言葉。

※『出る杭も5億稼げば打たれない！』一四七ページ。

ステップ8　本時のねらいを文章で考える

生徒の心が次のように推移することをねらった授業プランであった。


「人の心をつかむのが下手なほうだ。マイナスだなあ」

「人の心をつかむのが上手だとよいこともあるけど、悪い意味の人もいる……」

「〝ナニワのカリスマ添乗員〟平田進也さんは本当に慕われているなあ。心をつかんでいるようだ」

「お客さんの想像を超えてがんばるから、伝わるんだなあ」

「自分は難しいかなと思ったけど、平田さんは最初からそういう人ではなかった……。自分もできるかも……」


そこから次のようなねらいを立てることができた。

添乗員平田進也氏の勤労観から、誠心誠意尽くすことが人の心をつかむことを知る。（感謝・思いやり）

5 道徳授業「奇跡のいのち」[※1]誕生ストーリー

※1『中学校編とっておきの道徳授業V』桃﨑剛寿・編著（日本標準）一二七ページ参照。

きっかけは一人の生徒の薦めから

クラスの生徒が「道徳の授業に使えませんか」と言って持ってきてくれた一冊の絵本『エリカ　奇跡のいのち』[※2]。私が知らない本である。その本には、戦時中にユダヤ人の強制収容所へ向かう列車から、赤ん坊である子どもを「生き延びさせる」ために、列車の「外に投げる」決断をした親の姿が描かれている。その親の辛さと苦しみ、そして生き抜くことへの願いを考えさせることで、命の重さの気づきにアプローチをしたいという思いが起きた。

そして絵本を紹介してくれた生徒を、資料を朗読してもらったり、選んだ理由を説明してもらったりして、授業の中でじゅうぶんに生かしたいと考えた。もちろん教師からのフォローは必要である。

実際「今日は吉田さんが〝道徳授業にお薦めです〟と持ってきてくれた本を使って、授業をしました」と、その授業のきっかけとなったクラスメートを紹介した。

「なぜこの本を薦めてくれたのですか」とたずねると、彼女はこう答えた。

「アウシュビッツ収容所に関する本は、こんなことがあったという実話や、そこで耐えて頑張っ

※2『エリカ　奇跡のいのち』ルース・バンダージー・文／ロベルト・インノチェンティ・絵／柳田邦男・訳（講談社）

た人の話が多いです。その中でこの本は、一つの家族にスポットを当てており、子どもの命への親の必死な願いに感銘を受けたからです」と教師以上のまとめをしてくれた。脱帽である。

絵や写真の鑑賞を取り入れた道徳授業

絵や写真を提示しての授業では、生徒に自由に気づいたことを言わせる。全体的な印象について問う→視点を与えて問う→絵から考えられることを問う→絵に込められたメッセージは何かを問う、という流れで行うことが多い。ねらいに向けて教師は視点を込めて発問を入れていく。この授業では次のようなやりとりを長い時間をかけて行った。

T　「草むらの上のピンクのものが何かわかりますか」
S1「赤ちゃん」
（笑いが起きた。笑った生徒を指名して）
T　「なぜ笑ったのですか」
S2「ありえないから」
T　「それでは前に来てよく見てごらん」と指示
S2「やはり赤ちゃんだ」

（『エリカ　奇跡のいのち』より）

このようにして、絵に描かれている状況をつかませていく。

授業づくり　完成までの道のり

生徒に教えてもらった資料に何を感じたのか、考えてみよう。

ステップ1　どこに「はっ」とするものを感じたのかを洗い出す

・親族間の殺人事件が最近多い。血のつながりがある者同士でも……と、悲しい気持ちにさせられることが多かった。それに比べ、この母親のまったく逆の意図でわが子を列車から投げた辛さと命への思いに心を打たれた。

・走る列車から赤ちゃんを投げ出した母親の決意は、一筋の「生」の光を求める崇高なものとして、心を揺さぶられた。

・「お母さまは、じぶんは『死』にむかいながら、わたしを『生』にむかってなげたのです。」※というフレーズに感銘を受けた。

※前掲書より。

ステップ2　その中でどこを中心に扱うのか

この資料からは、母親がわが子を投げた思いを中心に扱うこと以外に考えられない。

ステップ3　道徳的な内容は何か

しかしそこには、命の大切さ、命の強さ、命のつながり、子どもを思う親の心、戦争の悲惨さ・戦争への憎しみ、平和の大切さ等々たくさん大切なことが含まれる。

ステップ4　生徒の心のどこに響かせるのか

大まかにいうと「生命の尊重」「親子の愛」「平和の大切さ」であろう。どれか一つにしぼり込む必要はない。多様性がある「生命の尊重」を中心に響かせたいが、同様にほかのことも感じとらせたい。

ステップ5　より多くの資料をどう集めるのか

これだけ特殊な出来事を扱っているので、この絵本以外には、特に新たな資料は集めなかったが、生徒の歴史的認識について調べるため、歴史の教科書と資料集を調べた。また、柳田邦男さんの「訳者のことば」を読むと、この本の価値が改めて理解できる。

戦争に関する記述は、その書物ごとに政治的なイデオロギーが含まれやすいため、一方的な見方や考え方で進めることがないように、教科書の記述に沿って説明することが大切である。

ステップ6　資料に指導言を付けて構成し、具体的にイメージする

この本を生徒に紹介してもらってから授業化するまで五か月ほどかかった。なぜ時間がかかったのか。確かに感動する。たくさんの価値を与えることができる。でも、戦争の事実の説明プラス『エリカ　奇跡のいのち』の紹介だけでは、生徒にはあまりピンとこないままであると考えた。なかなかよい流れができずにいた。

そんなときに、一枚のポスターから「つなぐ授業」をサークルの仲間から教えてもらった。ポスターを見て気づいたことを生徒が発言したら、その発言をどうとらえるかを他の生徒に返して発言させる。これを繰り返していきながら発言をつなぎ、学級の生徒一人一人の心をつないでいく、という授業である。その手法を取り入れて展開していけば、歴史的事実から迫ることと以上に、母親の辛さと決意の重さを自発的に理解できると考えたのである。

そして、次のような構成をした。

①絵本の中のいちばん考えさせたいところを提示して、その意味を推測させる。
②歴史上の知識を確認する。
③生徒の朗読で絵本を紹介する。

ステップ7　生徒がどう活動するか・どう思考するか

絵本の中の一ページを拡大して提示する。貨車のそばの草むらの上に赤ちゃんが置かれている絵である。「この絵を見て、何か気づくことはありませんか」と問う。教師と生徒、生徒同士のやりとりの中で資料を分析していくのである。

また社会的な背景の理解が必要なため、知っていることを出し合い復習する場面も入れた。

以上から、次のような展開案ができた。

①この絵（赤ちゃんが置かれている）を見て、気づくことはありませんか。
②この絵（赤ちゃんが投げられている）を見て、何がわかりましたか。
③なぜ親が自分の子を投げたのでしょう。
④この列車はどこに行くのでしょう。
⑤強制収容所について、あなたが知っていることをすべて書きなさい。
「この親はこのままアウシュビッツに行ったら、赤ちゃんの命が危ないと思って赤ちゃんを投げたのですね。でも、投げることで死ぬかもしれません」

（資料を推薦してくれた生徒に朗読してもらう）

「お母さまは、じぶんは『死』にむかいながら、わたしを『生』にむかってなげたのです。」
⑥この絵本からあなたは何を感じましたか。

ステップ8　本時のねらいを文章で考える

生徒の心が次のように推移することをねらった授業プランであった。

「何だろう」「なぜ赤ちゃんが……」「親はどこにいるのかな」

「なぜ投げたのか」「捨てたのだろうか」「何か事情が……」

「社会科で学習した。アウシュビッツでは……」

（絵本を読んで）「なんて辛い話なんだろう」

「親の強い愛を感じた」「生きることのすばらしさ」「平和の大切さ」


そこから次のようなねらいを立てることができた。

親が子に託した「生き抜くことの願い」を知り、命の重さを感じる。（生命の尊重）

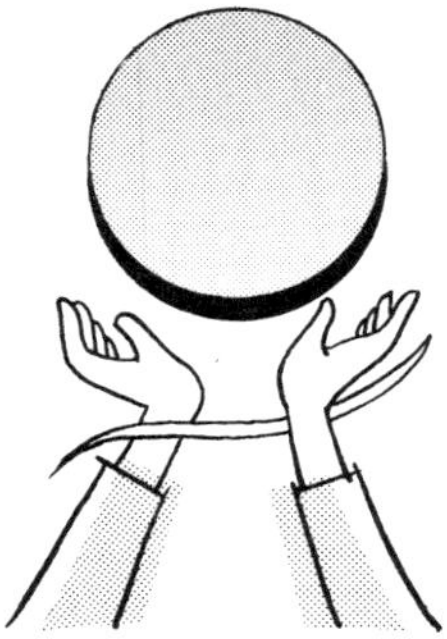

第5章

道徳教師術
一挙公開

1 ○○《まるまる》教育における「道徳の時間」の可能性

キャリア教育、人権教育、食育、特別支援教育、金銭教育……。社会的な要求はすぐに教育現場に関わってくる。これらを補充・深化・統合するために、「道徳の時間」がどのように関わっていけるかを示したい。

キャリア教育と「道徳の時間」

道徳教育は「よりよく生きる構え・美意識」を生徒の心の中につくることをねらいとしている。つまり、道徳教育は、生徒が人生観を育てるために、その基盤作りを成すといえる。その点、キャリア教育と道徳教育はそのねらいが類似している。

一昔前の進路指導の学習は、進路先の保証が大きなねらいであった。「中学校を出るときに進学先がある」ことを目指し、少しでも難易度の高い高等学校にいかに合格させるかを考えていた。ところが高校中途退学の問題やニート、フリーターなどの問題がクローズアップされ、将来の仕事を含めて高校進学を考えさせる進路学習が不可欠になってきた。そのため、職業体験や職業講話などの体験的学習が増えた。座学からの脱却を意図したものである。

これらを補充・深化・統合させる道徳の授業では、「集団行動や対人関係の大切さ、自分自身の粘り強さや公共の福祉」などを考えさせる。

それでは、どのような「道徳の時間」がキャリア教育を支えているか。授業では、次のような内容が生徒に伝わる資料を使うことが多い。
①ある人のその職業を通した生き方やプロ根性
②その職業自体の魅力
③その職業に関する課題から社会を見直す
キャリア教育に関わるオリジナル道徳授業を、『中学校編とっておきの道徳授業』シリーズ（日本標準）の中からピックアップする。

号	授業名	資料で扱う職業
Ⅱ	ＹＥＳ―ＮＯ　選択の時	歌手
Ⅲ	お菓子を仕事にできる幸福	会社員
Ⅲ	医療に携わるということ	医師
Ⅳ	芸能界にあこがれて―コロッケ―	芸能人
Ⅳ	やりたいことは簡単には見つからない	研究者、評論家
Ⅳ	世界で活躍した土木技師―久保田豊―	技師
Ⅴ	自分の才能	芸能人、役者、ボクサー

V	ハンデの切り替え方	スポーツ選手
V	1歳から100歳の夢	さまざまな職業
V	教師という仕事	教師

一方で次のような課題も残されている。

①勤労の経験がない生徒に、どれだけ勤労の尊さを理解させることができるのか

②職業のイメージがない生徒に、どれだけ職業の意義を理解させることができるのか

そのために資料と生徒との距離を縮めるような資料の扱い、構成が必要である。第2章の「4 資料を「点検する」力―10のチェック事項―」の「10 生徒に伝わるものなのか」（六四ページ）を参考にしていただきたい。

人権教育と「道徳の時間」

心の問題として人権感覚を育てていくためには、人間としての在り方や生き方という視点から「道徳の時間」を工夫し、体験的な活動と連携を図ることが効果的である。

ただし、一時間の授業では、時間も活動の場所も限られる。数時間を連続させたり、教科の学習の前後に関連づけて行ったり、テーマ学習の前後に行ったりするなど総合単元的に扱うと効果がある。

また、差別される側の辛さ・悲惨さなどマイナス面が前面に出るような内容では、「その立場でなくてよかった」というような他人事の意識で終わりかねない。そうならないために次のことに配慮する必要がある。

・何よりも「差別を許さない・見逃さない」態度を育成する
・差別と闘ってきた人びとの「たくましさやつながり」、人としての「やさしさやぬくもり」など、生き方に視点をあてる
・自分は、差別をする側・される側のどちらの側に立つのかを問い、生徒に自分の課題としてとらえさせる
・人にはその弱い心を乗り越えていく気高さがあることに気づかせる

道徳授業で扱うテーマの例をいくつか示す。

①同和問題

日本固有のこの差別問題により、今もなお、たくさんの方の人権が損なわれている。部落差別の歴史的事実と、その実態の重さや深刻さを明らかにするとともに、差別が「恥ずべき社会悪」であることをおさえたい。

②福祉（障がい者福祉、高齢者福祉など）

二〇〇七年度より「特別支援教育」が始まった。そういう意味でも、このテーマの意味は大

きい。「共生」を主軸に置きながら進めていくことが求められる。

一方で安易に授業の資料が障がいを扱うものに偏りすぎたり、障がいを正しくとらえきれなかったりすることがある。資料の選択にあたっての配慮が必要であり、教師の基本的認識が問われる。

③女性差別、人種差別、職業差別、外国人差別など

世界には、さまざまな差別が存在する。差別する心が自分の中にもあることに気づかせ、自分との距離を感じさせないような展開が必要である。

たとえば、※キング牧師を扱った授業をアメリカ人ＡＬＴとティームティーチングで進めたとき、彼は「これはマイノリティの問題である」と言った。日本人もアメリカではマイノリティとして差別を受けることがある。アフリカ系アメリカ人に対する差別を、アメリカ国内の人種差別ですませることなく、人類全体の問題、人間の心の問題としてとらえて授業を構成する必要がある。

※**『中学校編とっておきの道徳授業』**桃﨑剛寿・編著（日本標準）一五三ページ参照。

④生命の尊重

生命の特性は偶然性、有限性、連続性など多様であり、どのような指導が効果的なのかを追求していく必要がある。そこで視点として「自尊感情」「自己実現」「共生」「生命の社会的・客観的認識」などを設定していくと、授業のイメージやその役割がはっきりする。

⑤いじめ問題、仲間づくり、自尊感情

リーダーの指示した課題をグループで行い、そのときの気持ちを率直に語り合い、リレーションを高めていく構成的グループエンカウンターという手法がある。その場にいる人たちとだけでなく、人間関係について学べるようにすることで、いじめ問題や仲間づくりに関する道徳の授業での活用がおおいに期待される。そのほかにもソーシャルスキルトレーニングやライフスキル※などの社会プログラムの活用も効果を期待できる。

※ライフスキル
日常生活で生じるさまざまな問題や要求に対して、建設的かつ効果的に対処するために必要な心理社会的能力（WHO精神保健局ライフスキルプロジェクトによる定義）

⑥ハンセン病や水俣病、HIV感染などへの差別

病気に対する偏見や差別を扱う場合、その差別が生まれた時代背景や病気の原因が明らかにされてきた経過、また、人々がいかにこの問題に対応してきたのかなど、歴史的・科学的理解に時間がかかる傾向がある。そのため、単元的な扱いをするなどして組織的に学習を進めなければならない。

人権教育に関わるオリジナル道徳の授業を、『中学校編とっておきの道徳授業』シリーズ（日本標準）の中からピックアップする。

号	授業名	人権教育の視点
Ⅰ	ハンセン病訴訟とハンナ・リデル	ハンセン病への差別と人権
Ⅰ	I HAVE A DREAM	人種差別と人権

Ⅱ	モンゴルから　折鶴の歌	戦争と人権
Ⅱ	水俣に学ぶ	水俣病への差別と人権
Ⅲ	トットちゃんの願う幸せを	生命の尊重と人権
Ⅲ	バンドー～四海みな兄弟～	戦争と人権
Ⅳ	取り返しのつくこと・つかないこと	生命の尊重と人権
Ⅴ	ハンデの切り替え方	聴覚の障がいと人権
Ⅴ	困った要望にどう応えるか	仲間づくりと人権
Ⅴ	奇跡のいのち	生命の尊重と人権
Ⅴ	ダメな奴なんていない	自尊感情と人権

2 道徳教育と図書館教育の関わり

学校図書館が、学校における読書指導の拠点としての機能だけでなく、学習センターとしての機能にも注目されるようになってきた。道徳の授業研究でもよい資料を見つけ出すことが多い。ここでは図書館教育の充実に道徳教育が、とりわけ「道徳の時間」がどうからむかを述べる。

●資料をそろえる

熊本市では「学校図書館資源共有ネットワーク」というシステムで、公共の施設と学校図書館がネットワーク化され、リクエストにより関連書物を多種多数集めることができる。前述したように、このシステムを利用して、『生協の白石さん』（前出）を調べ学習的な活動の資料として生徒数分そろえて授業を行うことができた。

●資料とする本の収集・読み聞かせ

図書館担当の先生や図書館司書の方の指導で、最近の学校図書館は、本を探したり、調べ学習をしたりするのが大変便利になった。

そうして探し出した本の中に、道徳の資料となるものを発見することがある。また、ときには生徒が探し出したお薦めの本を紹介してもらえることもある。そのようにして資料となった本を、上手な生徒に朗読してもらうことで、資料の受け取り方が柔らかくなるし、その資料への興味関心も高いものになる。

●図書館活用のマナー

「道徳の時間」でぜひ扱いたいのが、図書館を利用するときのマナーである。

ＮＨＫ「道徳ドキュメント」に「みんなの本をどう守る?」という一話がある。その概要は、本の汚損や盗難が深刻な図書館で、司書の山口さんが、利用者の自由を尊重しながら本を守ろうとする姿を映し出したものである。このような資料を使って、公共のマナーについて考えさせることができる。

また、図書館司書の方などをゲストティーチャーに招いたり、乱雑に使われていたんだ実物などを提示することにより、より現実感のある授業が展開できよう。

●読書による「豊かな人生」の展開

アーチェリー選手の山本博さん。中学生のとき、学校図書館でたまたま読んだアーチェリーの本の中に、アーチェリーの立ち方で「クローズドスタンス」の説明があったそうだ。その説明を読んで試したら、急に的に当たり出す。その成功体験は彼のアーチェリー人生に大きな影響を与えている。

歌手の矢沢永吉さん。ツッパリ人生の中で「社長さん」から紹介してもらい、出会った一冊の本『人を動かす』[※1]を読んだことから、彼の生活の中に〝読書〟が入った。

このように読書をきっかけにして人生観が変わったという話を資料にすることで、読書の価値に気づく効果が考えられる。

図書館教育に関わるオリジナル道徳の授業を、『中学校編とっておきの道徳授業』シリーズ（日本標準）の中から、特にその本を使って読み聞かせや調べ学習をする例をピックアップする。

号	授業名	使用する図書名
Ⅱ	季節の移り変わりの中で	『忘れないで　季節のしきたり　日本の心』[※2]
Ⅲ	お菓子を仕事にできる幸福	『お菓子を仕事にできる幸福』[※3]
Ⅴ	1歳から100歳の夢	『1歳から100歳の夢』[※4]
Ⅴ	困った要望にどう応えるか	『生協の白石さん』（前出）
Ⅴ	奇跡のいのち	『エリカ　奇跡のいのち』（前出）
Ⅴ	教師という仕事	『からすたろう』[※5]

※1『人を動かす』
デール・カーネギー・著／山口博・訳（創元社）

※2『忘れないで　季節のしきたり　日本の心』
鮫島純子・文・絵（小学館）

※3『お菓子を仕事にできる幸福』
株式会社東ハト・編（日経BP社）

※4『1歳から100歳の夢』
日本ドリームプロジェクト・編（いろは出版）

※5『からすたろう』
やしまたろう・文・絵（偕成社）

3 「道徳の時間」を授業参観で公開するときの心構え

授業参観の機会に、「道徳の時間」を公開することをぜひ勧めたい。担任教師がどのような生徒の育成を目指しているかを、授業を通して保護者の方々に理解してもらえるからである。そのときに、普段の授業よりも少し意識したほうがよいポイントを示す。

一つ目のポイントは、当たり前のことだが、

①大人も夢中になって考えてしまう授業を行う

ことである。参観している保護者がその授業の内容に興味を持ち、わが子を見るのではなく、その内容のほうに引き込まれてしまうことがある。そんな授業にしたいものである。

生徒がきちんと取り組んでいるところを見せればいいのだから、「授業はこの程度で……」というような甘い考えはいけない。せっかくの機会なのだから、自らの教育哲学を道徳の授業を通してメッセージで送るとよい。

保護者も夢中になってしまう道徳の授業にするには、どうすればよいのか。

そのための一つの手だてが、

資料は保護者の世代にも理解できるものを準備する

ことである。たとえば、音楽関係者の生き方から学ぶ授業とする。ヒップホップやＤＪ　ＯＺＭＡは新しすぎるし、フォークは少し古いかもしれない。今もがんばっているオフコースの小田和正さんあたりがベストである。

たとえば「ＹＥＳ―ＮＯ　選択の時」※という授業実践がある。平井堅さんと小田和正さんの歌手になるアプローチの違いに、自分の人生観を重ねて考えることができる授業である。保護者の方と世代が重なる。

さて、もう一つの手だては、

参観者が参加できるような場を設定する

ことである。授業の中で、保護者にも意見を求めてみたり、挙手で考えを示してもらうなど、ちょっとした出番を作る。

たとえば、エゴグラム（性格分析法で、人の心を五つの領域に分類してグラフにしたもの）を活用した道徳の授業実践を和歌山の御前充司氏に紹介してもらい、追実践をしたことがある。このとき、生徒には自分のことを書かせ、保護者には自分の子はこう判断するだろうと推測をしてもらった。そして、親子で比べるという作業をしてもらった。教室は「きゃー、きゃー」という歓声で盛り上がった。

※**『中学校編とっておきの道徳授業Ⅱ』**桃崎剛寿・編著（日本標準）九九ページ参照。

『エリカ　奇跡のいのち』（前出）を活用した授業を最近参観した。その先生は「エリカを投げて助けてくれた親へ手紙を書いてみましょう」と指示をし、その後に保護者からの手紙を渡すという演出をされた。直接の参加ではないが、保護者からのメッセージという間接的な参加を使ってうまく授業がなされていた。

「道徳の時間」を授業参観で公開するときの二つ目のポイントは、

②保護者へのメッセージ性のある内容の授業を行う

ことである。保護者に考えてほしいメッセージを送ることができる授業を考えたい。携帯電話の使い方などはぴったりの例ではないか。保護者に伝えたいことを意識した授業である。

たとえばアーチェリー選手の山本博さんを取り上げた「トンネルを抜けて」[※]という授業実践がある。シドニー・オリンピックでオリンピック連続出場記録を逃した後に家族に目を向けるようになったとき、目の前の霧がようやく晴れトンネルを抜けることができたという資料である。家族に関わることの大切さを親子ともに学べる。

※『中学校編とっておきの道徳授業V』桃﨑剛寿・編著（日本標準）二五ページ参照。

新しい学習指導要領でも、「第3章　道徳」の「第3　指導計画の作成と内容の取扱い」において、「道徳の時間の授業を公開したり、授業の実施や地域教材の開発や活用などに、保護者や地域の人々の積極的な参加や協力を得たりするなど、家庭や地域社会との共通理解を深め、相互の連携を図るよう配慮する必要がある。」と示された。ついに、「道徳授業の公開」まで求められたのである。

道徳授業参観の機会に、「何をすればいいのだろう。困ったな」と考える教師なのか、「私の教育観、生徒の心の育ちを理解してもらえるよい機会だ」と考える教師なのか、大きく分かれるであろう。もちろん、本書を手に取られている方は後者であろう。そして、よい道徳授業をすればするほど、保護者が担任の「よき味方」になっていくのである。

私の経験だが、公開した道徳授業が保護者の評判となり、所属校のＰＴＡ研修で一時間の講座を行ったことがある。講座終了後に、「ほかにどんな授業があるのか」など質問攻めにあい、合計二時間ほどの講座になった。教師のほうが負けているのではないかと感じるほどの保護者の熱い思いを感じた。道徳授業の公開により、その熱い思いを味方にできる。道徳授業には、すごい力がある。

あとがきにかえて　教師修業〜道徳の先生を目指して〜

大学、大学院で純粋数学を学んだ。修士論文のテーマは、代数学の分野の「可換環論」である。数学の研究で大切なことは「自分に嘘をつかない」ことである。一言一句の意味を心から納得し、イメージを持ち、例までさっと挙げられるほどに完全な理解をしなくてはならない。

教師生活を始めた二十年ほど前、その点でいちばん引っかかったのが道徳の授業であった。不自然な資料、結びつかない発問、無茶なふりかえり……。自分の行うそんな授業が許せなくて、自然と実践的な研究を求めて教師修業を続けてきた。

では、その「教師修業」とは何か。現場で経験年数を重ねただけでは、何も「向上」はない。「慣れ」はあるだろう。しかし、「慣れ」ても、目指す教師には「なれ」ない。

また、一つの方法・考えだけにとらわれてしまうのでなく、さまざまな学びを進めることがきわめて大切である。独善に陥り変化することをやめれば、朽ち果てていくだけであろう。

それでは、教師修業の秘訣は何か。「授業名人」野口芳宏先生から教わった言葉がある。

よき師・よき友・よき書物

幸いなことに、私は初任の天草の地から「よき師・よき友・よき書物」に恵まれ、教師修業ができた。今は、生徒が「道徳の時間」を心から楽しみにしている。「道徳の先生」と認めてくれている。そう導いてくださった「よき師・よき友・よき書物」を紹介させていただく。

私にとって、道徳の授業づくりにおける「よき師」。私自身が大変影響を受けた五名の先生方である。この方々の講話や著書、模擬授業などから学びながら教師修業を続けてきた。お一人お一人のスタイルは異なるが、それがその先生方の味であり、ひかれるのである。

核心を突いた、厳しくも温かい評価をしてくださる宇佐美寛氏。

万人が「授業名人」と認める野口芳宏氏。

道徳授業を改革した第一人者、深澤久氏。

授業づくりの理論と実践で他を圧倒する鈴木健二氏。

そして、我が国を代表する道徳授業クリエイター、佐藤幸司氏。

この方々の話が直接聴ける講座があるときは、ぜひ受講していただきたい。ライブはより胸に響き、テキストでは感じにくい熱い思いを感じる。もちろん技術が増し、モチベーションもぐんと高まる。

このように、「この人に一歩でも近づきたい」と思える「教師としての師」を持つことは、教師修業のうえでとても有効である。これからも、ぜひそういう人にたくさん巡り会いたいと心から思う。

また、私にとっての「よき書」は、「よき師」の執筆された書であることは言うまでもない。

そして、私にとっての「よき友」は、まずは同僚である。「この資料は生徒の胸に響くよ」とか、「発問をこう訂正すればよかった」などの情報交換を日常的に行う。また、ちょっと気を配って、授業を準備するときに隣のクラスの分も準備し合うことで、お互いの授業を知る。これらはとても生きた実践的な学び合いである。

同僚から認められる教師でありたい。どんなにすばらしいことを研修会で述べても、教育実践報告があっても、同僚の評価が低い方を私は信じない。学校で一定の仕事ができずして、よその研修会に出るなど、ましてや他人様の前で話をするなど恥ずかしいことだ。自分の勤務校で生徒に尽くす。同僚に尽くす。地域に尽くす。これらは、教育者のベース「土着」である。

次に、研究会や研修へ参加して得た仲間である。学校を超えての研究会では、研究授業や実践発表会などを進める中で学び合える。特に授業研究会では、どんな質疑やどんな意見が出るかはとても興味深い。そして、地域を超えた研究会へ参加することで、さらに仲間や学びが広がる。私は故郷熊本の地で一九九九年以来、毎冬に「道徳授業改革セミナー in 熊本」を開催してきた。全国レベル・最高レベルの講師陣を招き、参加者は一〇〇名前後を常に集めてきた。「現場から道徳教育に元気を！」という気概である。

全国ネットの教育サークル「道徳教育改革集団」（代表・深澤久氏）の仲間は、私にとってかけがえのない同志である。その名の通り、わが国の道徳教育を改革しようという志のもとに集まった教師集団である。そして「道徳教育改革集団」中学ネット（代表は小生）は、その趣旨に賛同した中学校の教師による会である。大切なことは、互いに現場の実践を持ち寄り、厳しく検討し合うことである。実践を持って行くためにじゅうぶん練り、整理する。そしてお互い検討し合い、望ましくない箇所があれば代案を立てながら批判をする。これを繰り返すことが、授業力向上のいちばんの力になっていると思う。

しかし、まだまだだ。名人と呼ばれる日まで！　そして、たとえそう呼ばれる日が来ても、教師修業は終わらない。明日が最後の授業になったときも、「どうやったら生徒の力がつくか」を考えながら教材研究をしっかりして臨み、教師生活最後の授業の後でもその授業の分析を行う教師でありたいと願う。

担任をしてきた子どもたちの顔を思い浮かべながら

桃﨑　剛寿

著者紹介
桃﨑剛寿（ももさき　たけとし）
1989年熊本大学大学院教育学研究科数学教育専攻代数学専修終了。熊本県中学校教師に。県立教育センター道徳担当指導主事を経て，現在熊本市教育委員会生徒指導担当指導主事。教育サークル「道徳のチカラ」副長兼中学代表。

【主な著書】
『中学校編とっておきの道徳授業』シリーズ（編著，日本標準），『数学脳』（共著，日本実業出版社）。

Series 教師のチカラ
「中学生を変えた」奇跡の道徳授業づくり
2008年6月10日　第1刷発行
2014年2月15日　第4刷発行

■著　者. . . . .　桃﨑剛寿
■発行者. . . . .　山田雅彦
■発行所. . . . .　株式会社　日本標準
東京都杉並区南荻窪 3-31-18　〒167-0052
電話　編集　03-3334-2653　営業　042-984-1425
URL　http://www.nipponhyojun.co.jp/
■カバーデザイン. . . . .　広瀬克也
■イラスト. . . . .　吉田健二
■編集協力. . . . .　矢萩典行
■印刷・製本. . . . . . .　株式会社　リーブルテック

ISBN 978-4-8208-0367-6